Iris Paxino

Brücken zwischen Leben und Tod

Iris Paxino

Brücken zwischen Leben und Tod

Begegnungen mit Verstorbenen

Verlag Freies Geistesleben

Der zitierte Wortlaut Rudolf Steiners folgt der im Rudolf Steiner Verlag erscheinenden Gesamtausgabe (GA). Der Abdruck erfolgt mit freundlicher Genehmigung der Rudolf Steiner Nachlassverwaltung, Dornach/Schweiz.

9. Auflage 2024

Verlag Freies Geistesleben
Landhausstraße 82, 70190 Stuttgart
geistesleben.de

ISBN 978-3-7725-2882-8

ⓔ auch als eBook erhältlich

Gestaltung & Satz: Bianca Bonfert
Umschlagfoto: Gilles Martin / BIOS / OKAPIA
Druck: GGP Media GmbH, Pößneck
Printed in Germany

MIX Papier | Fördert gute Waldnutzung FSC® C014496 www.fsc.org

Druckprodukt mit finanziellem Klimabeitrag ClimatePartner.com/53248-2106-1005

Entdecken Sie weitere Bücher zu Zeit- und Lebensfragen:
bit.ly/3pSOmtm

und bleiben Sie mit unserem Newsletter auf dem Laufenden:
bit.ly/3NwkUmi

Inhalt

Meiner geliebten Großmutter Elena gewidmet

Mit einem herzenswarmen Dank
an Philipp und Thomas auf dieser Seite
sowie an Markus und Stefan, Ajra, Albert und Grigore
auf der anderen Seite

Einleitung

> Das Geheimnis des Lebens
> und das Geheimnis des Todes
> sind verschlossen in zwei Schatullen,
> von denen jede den Schlüssel
> zum Öffnen der anderen enthält.
>
> *Mahatma Gandhi*

«Was möchten Sie nun nach Ihrem Studium machen, junge Dame?», fragte mich der Psychologieprofessor unmittelbar nach meiner mündlichen Abschlussprüfung. Er war ein älterer Herr mit wachen, runden Augen und freundlichem Gesichtsausdruck. Er kannte mich nicht aus der Studienzeit, sondern war lediglich als externer Prüfungsbeisitzer hinzugezogen worden. Nun war er nach der Prüfung gerade dabei, seine Tasche zusammenzupacken, und führte mit mir noch beiläufig eine Konversation.

«Ich möchte gerne über das Thema ‹Nahtoderfahrungen› promovieren», antwortete ich, ohne lange überlegen zu müssen.

Bei meiner Antwort drehte sich der Professor fast erschrocken zu mir um und riss die Augen auf. «Nahtod? Sie werden doch nicht lebensmüde sein, junge Dame! Sie haben eine ausgezeichnete Prüfung hingelegt. Ihnen stehen alle Türen offen, das wissen Sie doch, oder?»

Ich war amüsiert über seine Sorge und musste lachen. «Lebensmüde? Keinesfalls, ganz im Gegenteil, ich liebe das Leben! Gerade deswegen finde ich dieses Thema so spannend: Es geht nach dem Tod doch offensichtlich weiter.»

Der Professor schüttelte den Kopf, sein Gesichtsausdruck war prüfend und besorgt, und er schien mich nicht zu verstehen. «Ja, aber über den Tod zu schreiben? Sie sind so jung und voller Lebenskraft, wollen Sie nicht etwas anderes machen? Es gibt doch ganz andere Themen für eine Promotion!»

Ich versuchte, ihm zu erklären, wie faszinierend Nahtoderfahrungen sind und dass dieses Phänomen vom wissenschaftlichen Standpunkt her ein hochinteressantes Forschungsfeld ist. Doch während ich sprach, konnte ich beobachten, wie die Sorge in seinem Gesicht einer immer größeren Enttäuschung wich. Ich erkannte, dass er eigentlich gar nicht das hörte, was ich sagte. Der Begriff «Tod» glich für ihn einer existenziellen Bedrohung, es war, als ob sein Denken bei diesem Wort regelrecht aussetzen würde.

In der Zwischenzeit hatte der Professor kopfschüttelnd seine Tasche zugemacht und drehte sich ein letztes Mal zu mir um. «Also, auf jeden Fall alles Gute für Sie. Ich gratuliere Ihnen zu Ihrer Prüfung. Und ich hoffe, dass Sie sich das mit dem Promotionsthema noch einmal gut überlegen. Wirklich, wer will sich schon mit dem Tod beschäftigen!» Mit diesen Worten verabschiedete er sich. Ich rief ihm noch lachend hinterher: «Ich!»

Diese Reaktion von Unverständnis in Bezug auf die Thematik des Todes sollte mir von da an wiederholt und in allen möglichen Variationen begegnen. Immer wieder stieß ich auf Verwunderung oder Skepsis, auf Abneigung oder Angst. Für mich ging der Weg allerdings geradeaus weiter: Ich stürzte mich in die Nahtodforschung.

Der Tod war für mich bereits in meinem achtzehnten Lebensjahr zum Lebensthema geworden. Meine Großmutter starb damals überraschend an einer Hirnblutung infolge eines Autounfalls. Für mich brach eine Welt zusammen, denn sie war mir von frühester Kindheit an der liebste Mensch gewesen. In meiner

Seele blieb eine klaffende Wunde zurück. Diesem Menschen nicht mehr begegnen zu können war für mein Empfindungsvermögen schier unfassbar. Ich fühlte mich allein zurückgelassen, mit einem nicht enden wollenden Schmerz und mit der Frage: Wie kann ich Brücken bauen zwischen Leben und Tod?

Kurze Zeit nach ihrem Tod erschien mir meine Großmutter im Traum; und dies wiederholte sich in regelmäßigen Abständen. Die Traumbilder hatten teilweise symbolischen Charakter, gleichzeitig hatte ich die unerschütterliche Gewissheit, dass mir hierbei ihr reales Wesen entgegentrat. Der Bereich des Traumes schien nur ein Zwischenraum der Begegnung zu sein, in dem ihre Seele mein Bewusstsein erreichen konnte. Diese Übergangserlebnisse waren ein großes Geschenk für mich, doch nach einigen Monaten verdeutlichten mir die Traumbilder, dass meine Großmutter nicht mehr auf dieser Ebene erscheinen würde. Und so war es auch: Sie nahm Abschied, und seitdem kam sie nicht mehr in meinen Träumen vor.

Was mir jedoch blieb, war eine kostbare Erkenntnis: Wenn *sie* als Verstorbene in der Lage gewesen war, ihre Aufmerksamkeit und Liebe so stark auf mich zu fokussieren, dass sie mein Bewusstsein erreichen konnte, dann müsste es doch möglich sein, dass auch *ich* mein Bewusstsein in der Weise ausrichten könnte, sie von *mir* aus zu erreichen. Mir wurde klar, dass mein Tagesbewusstsein noch nicht geschult war, sich zwischen den Welten hin- und herzubewegen. Die Traumebene, also das Reich des Halbbewussten, war zum damaligen Zeitpunkt meine einzige Möglichkeit, eine Begegnung mit einem Verstorbenen zu erleben. So wurde die Suche nach einem konkreten Weg, die Welt der Verstorbenen selbst intendiert und wachbewusst zu erleben, zu meiner neuen zentralen Frage.

Ich begann zu lesen und las in den folgenden Jahren so ziemlich alles, was ich zum Thema Tod finden konnte: Religionsgeschichte und Philosophie, Psychologie und Theologie, wissenschaftliche Abhandlungen und sogenannte Fachliteratur. Vieles empfand ich als recht dürftig und enttäuschend, denn das, was sich «wissenschaftlich» nannte, vertrat im Grundtonus lediglich das herkömmliche materialistische Dogma unserer Zeit: Das Absterben der Körperfunktionen bedeute zugleich die Auslöschung des menschlichen Bewusstseins. Ich fand jedoch auch viel Spannendes und Interessantes. Dies basierte allerdings lediglich auf Theorien und Hypothesen und half mir in meiner konkreten Fragestellung nach einem wachbewussten Umgang mit der Welt der Verstorbenen wenig weiter.

Dann fand ich in der Anthroposophie Rudolf Steiners ganz konkrete Schilderungen des menschlichen Entwicklungsweges nach dem Tod, hier – endlich – in einem zeitgemäßen Kontext und in einem weit umfassenderen Gesamtbild als in allen anderen Darstellungen. Die Beschreibungen Steiners waren überaus komplex geformt, gedanklich glasklar nachvollziehbar und dem Geistigen gegenüber weit offen. Da begegnete ich einem modernen Denker, der aus eigenem Erleben heraus eine zutiefst spirituelle Sprache sprach. Hier fand ich die ersten greifbaren Antworten auf meine Fragen.

Parallel dazu stieß ich auf Beschreibungen von Nahtoderfahrungen. Menschen, die klinisch tot oder dem Tod sehr nahe gewesen waren, berichteten über eigene Erlebnisse im Zustand eines vom Körper freien Bewusstseins. Es war mir klar, dass es sich hier lediglich um die ersten Augenblicke, also um die allerersten Schritte in der nachtodlichen Welt, handelte; aber es war zumindest der Anfang des Weges, den ich suchte. Für mich wurde somit das Phänomen der Nahtoderfahrungen zu einem eigenen Forschungsfeld. Ich suchte Menschen auf, die solche Erfahrungen an der Schwelle des Todes gemacht hatten, führte mit ihnen Gespräche und Interviews, fertigte eine wissenschaftliche Studie an und schrieb – entgegen der Empfehlung meines Professors – meine Doktorarbeit zu diesem Thema. Dabei berührte es mich ganz besonders, wenn die Menschen über ihre Erlebnisse an der Todesschwelle sprachen und sich ihr ganzes Wesen veränderte: Etwas Sanftes leuchtete in ihren Augen auf, wie aus einer geheimnisvollen inneren Quelle heraus strömte etwas Klares, Lebendiges, Liebegetragenes durch sie hindurch, was für mich real spürbar und wahrnehmbar war.

In diesen Jahren begann ich auch meditativ zu üben, und mit der Zeit bemerkte ich, dass ich immer wahrnehmungsfähiger wurde. Empfindungen formten sich langsam zu erklärenden Bildern, innere Zwiegespräche wurden zu geistigen Begegnungen, auf Fragen stellten sich konkrete Antworten ein. Ausgangspunkt solcher Übungen war, das eigene Innere ganz still und vorurteilslos zu halten. Ich lernte also, dass man das Reich der Verstorbenen Schritt für Schritt übend betreten kann. Der Weg dahin ist ein Herzensweg, denn liebende Verbundenheit und waches, aufrichtiges Interesse am anderen bilden der eigenen Seele die Brücke über die Schwelle. Meine Erlebnisse mit Verstorbenen, erst intuitiv und mit der Zeit immer klarer und bewusster, häuften sich. Und so führte mich mein Weg dann weiter zu einer über Jahre anhaltenden Beschäftigung mit der Thematik des Todes.

Später, als Psychologin in einem Krankenhaus, begleitete ich unter anderem auch Patienten, die an der Todesschwelle standen. An den Krankenbetten dieser sterbenden Menschen durfte ich eindrückliche Erfahrungen machen. Ich bemerkte, dass bei zahlreichen Patienten geistige Erfahrungen während des Sterbeprozesses auftraten. Manche von ihnen erlebten den eigenen Schutzengel, der ihnen in dieser Übergangsphase zwischen Leben und Tod liebend und geduldig beistand. Andere nahmen zuvor verstorbene Familienangehörige oder Freunde wahr, die sie nun an der Schwelle erwarteten. Als Begleitperson kann man lernen, das geistige Geschehen um einen sterbenden Menschen recht genau wahrzunehmen. Die Stimmung, die im Zimmer herrscht, ist anders als die Stimmung in anderen Patientenzimmern. Licht und Dunkel scheinen viel eindringlicher zu sein, die Haltung der Schutzengel ist ernster und trägt eine ganz besondere Qualität des Sakralen in sich. Auch der Doppelgänger des sterbenden Menschen macht sich in manchen Fällen deutlich bemerkbar, was sowohl für den Sterbenden als auch für die ihn umgebenden Menschen zu einer Herausforderung werden kann. – So verstand ich, dass Sterbebegleitung sich nicht lediglich auf die Organisation der letzten Angelegenheiten und auf das Annehmen und Loslassen des gewesenen irdischen Lebens beschränken kann. Diese Arbeit sollte ebenfalls eine bewusste Begleitung des Schwellenübertritts und eine Vorbereitung auf das danach Kommende umfassen.

Eine weitere Erfahrung, die ich in dieser Krankenhauszeit machte, war, dass einige der Patienten auch noch nach ihrem Tod für mich erlebbar waren. Manche kamen, nun als geistige Gestalt, um sich zu verabschieden oder um sich für die gemeinsame Arbeit zu bedanken. Andere hatten noch eine Bitte oder ein Anliegen und benötigten hierbei Hilfe aus der physischen Welt. Es wurde mir immer deutlicher, dass diese Arbeit nicht an der Schwelle endet, sondern unweigerlich über diese hinausgeht.

Anschließend an die Kliniktätigkeit lag der Schwerpunkt meiner Arbeit in einer eigenen psychologischen Beratungspraxis. Hier galt es, vorwiegend krisenhafte Lebensthemen zu begleiten, wie beispielsweise berufliche und persönliche Selbstfindungsprozesse, Paar- und Beziehungsprobleme, Trennungs- und Verlusterlebnisse, Depressionserkrankungen usw. Mit Sterbenden hatte ich zwar nicht mehr zu tun, dafür aber immer mehr mit Verstorbenen. Manche erschienen als Geistgestalt im Zusammenhang mit einem Klienten und waren Teil eines bestimmten zu bearbeitenden Problemkomplexes; andere hafteten dauerhaft an einem Klienten und bereiteten ihm unbemerkt Schwierigkeiten. Es handelte sich dabei um Seelen, die nach dem Tod bestimmte irdische Zusammenhänge nicht loslassen konnten und somit in der erdennahen Zwischenwelt stecken geblieben waren.

Mit der Zeit stellte ich auch außerhalb der Praxisarbeit fest, dass es viele solcher hängen gebliebenen Seelen gibt, die erhebliche seelische Belastungen, soziale Schwierigkeiten bis hin zu schweren psychischen Erkrankungen verursachen. Sie können Menschen, Institutionen und soziale Zusammenhänge wie auch Lebensräume, Häuser und Landschaftsorte durch ihre Einwirkung belasten. Hier sind mir viele verunsicherte und desorientierte, leidende und verzweifelte Gestalten begegnet. Ihre Anzahl ist bestürzend hoch, und ihre Not ist erschütternd groß. Sie sind eine Bürde für unsere Welt und bilden ein regelrechtes therapeutisch-soziales Arbeitsfeld. Diese Verstorbenen sind auf Hilfe angewiesen, sie benötigen Aufklärung über ihren eigenen Zustand und eine bewusste Anbindung an die geistige Wirklichkeit, in der sie sich befinden. Erst durch eine solche «Erlösungsarbeit» können sie ihren nachtodlichen Entwicklungsweg weitergehen.

Gleichwohl sind mir in dieser Arbeit auch Verstorbene begegnet, die ihrerseits Hilfe leisten. Das sind lichte, kraftvolle, selbstlose Verstorbene, die impulsierend und inspirierend wirken, sowohl innerhalb der nachtodlichen Bereiche als auch in unsere Welt hinein. Sie können wertvolle Stützen für unsere persönliche Entwicklung wie auch maßgebliche Mitwirkende an der Gestaltung der Erde sein. Ich verdanke ihnen erhellende Erkenntnisse und eine überaus erfüllende Zusammenarbeit.

Die Welt der Verstorbenen ist uns also in ihrer Vielfalt Aufgabe und Unterstützung zugleich. Sie umgibt und durchdringt unsere Welt ganz unmittelbar. Wir bedingen einander in all unserem Wirken und bilden gemeinsam das große Ganze des Menschseins. Eine Entwicklung ohne ein bewusstes Miteinander wird immer schwieriger. Noch ist es in unserer Gesellschaft nicht geläufig, den Umgang mit Verstorbenen als Bestandteil unseres sozialen Zusammenhangs zu erkennen. Mit großer Freude begegne ich allerdings zunehmend mehr Menschen, die ein waches Interesse daran entwickeln und aktiv Erlösungsarbeit leisten. «Wir» sind also schon nicht mehr wenige. Von daher schaue ich vertrauensvoll in eine Zukunft, in der die Freundschaft und die Verbundenheit mit der Welt der Verstorbenen für immer mehr Menschen eine Lebensrealität sein wird.

Wenn ich auf meinen persönlichen Entwicklungsweg in der Arbeit mit Verstorbenen blicke, entfaltet sich vor mir der Verlauf einer spannenden, lehrreichen und wundervollen Reise. Davon möchte ich hier berichten. Unterwegs durfte ich eindrucksvolle seelische und geistige Landschaften erleben, unerwartete Begegnungen mit zahlreichen Verstorbenen haben und neue Geistesfreundschaften schließen. Ich habe verstanden, dass uns im Grunde genommen lediglich ein kleiner Bewusstseinsschritt von der Welt der Verstorbenen trennt. Ich hoffe, dass immer mehr Menschen diesen Bewusstseinsschritt wagen, sodass ein lebendiger und immer bewussterer Austausch zwischen Diesseits und Jenseits möglich wird. Die Verantwortung für die Gestaltung unserer gemeinsamen Welt kann uns wahrhaftig Brücken zwischen Leben und Tod bauen lassen.

Allen, denen ich auf diesem Weg begegnet bin, auf dieser und auf der anderen Seite des menschlichen Seins, und von denen ich so viel Kostbares lernen durfte, danke ich von Herzen! Meiner geliebten Großmutter, die mir die allerersten Einblicke über die Schwelle ermöglicht hat, widme ich, in inniger Schicksalsverbundenheit und tiefster Dankbarkeit, dieses Buch.

Der Tod im Wandel der Zeit

> Es gibt mehr Ding' im Himmel und auf Erden,
> Als Eure Schulweisheit sich träumt (...)
>
> *William Shakespeare: Hamlet, Erster Akt, 5. Szene*

Leben und Tod bilden die Grenzdimensionen der menschlichen Existenz auf Erden. Durch alle Menschheitskulturen und Zeitepochen hindurch begleitet uns die Frage, was Leben und Tod bedeuten. Zum menschlichen Sein dazugehörig, bedingen sie sich gegenseitig; und doch bedeuten sie für unsere Welt die größtmöglichen Gegensätze, die der menschliche Geist in der Lage ist zu erfassen. Religion, Geschichte und Philosophie, Kunst, Literatur und Wissenschaft kreisen seit jeher um diese größten Rätsel. Neue Antworten lösen alte Fragen ab, neue Fragen entstehen aus den bereits gefundenen Antworten. Können Leben und Tod als Sein und Nichtsein verstanden werden? Was ist die Dimension der Ewigkeit, zu der der Mensch stets als Ideal hingestrebt hat? Was geschieht mit dem Menschen, wenn er aus dem Leben scheidet? Ist das Phänomen des Todes ein Rätsel für die Menschen aller vergangenen Kulturen gewesen?

Die geschichtlichen Quellen offenbaren uns, dass in den verschiedenen Zeitaltern und Kulturen unterschiedlichste Vorstellungen über das Schicksal des Menschen nach dem Tod geherrscht haben. Das, was wir Antlitz des Todes nennen, hat früher eine andere Bedeutung gehabt als heute. Das Verständnis von der Wesensnatur des Todes hat somit zahlreiche Umwandlungen erfahren. Alle Dokumente, die uns erhalten geblieben sind, zeugen davon, dass die Menschen vergangener Zeiten sich nicht die Frage stellten, was der Tod ist, sondern was mit der Seele des Menschen nach dem Verlassen der physischen Welt geschieht.

Der Mensch der altindischen Hochkultur erlebte sich eingebettet in den Schutz der ihn umgebenden geistigen Wirklichkeit. Er spürte in sich die Sehnsucht nach dem Geistigen, welches er als Ursprung und Wirklichkeit des eigenen Daseins anerkennt. Dort ist für ihn das wahre Licht; die Existenz auf Erden wird als nebelhafte, illusorische Maya empfunden. Die Pforte zum Jenseits ist nicht verschlossen, gerade der Tod ermöglicht dem Menschen die Befreiung aus der irdischen Welt und somit die Erlösung der leibgebundenen Seele. Dieses uralte Wissen wird durch Gesänge und rhythmisch-poetische Verse über lange Zeiten hinweg in mündlicher Form überliefert. Später fließt es dann in die Vedenphilosophie, in die Sankhya- und in die ursprüngliche Yogaströmung ein.

Eine weitere prägende Menschheitsepoche, die sumerisch-babylonische, hinterlässt uns als Essenz ihrer Geisteshaltung das bewegende *Gilgamesch-Epos*. Es handelt sich hier um das erste schriftlich verfasste literarische Werk der Menschheit und zugleich um den ersten uns überlieferten Totengesang. Ab dem 25. Jh. v. Chr. zunächst mündlich überliefert, wird dieses Epos im 18. Jh. v. Chr. in Keilschrift niedergeschrieben. Es zeugt davon, dass der Mensch, Gilgamesch, das Sterben des schicksalsverbündeten Enkidu als Verlust an den Tod empfindet. Er macht sich auf den Weg, um den verlorenen Freund wiederzufinden und zurückzuholen. Der Tod bedeutet hier eine einschneidende, schmerzhafte Trennung, doch keine unpassierbare Grenze. Er ist kein Rätsel, er stellt eine Herausforderung für den Menschen dar.

Eine der darauffolgenden Hochkulturen, die uns Zeugnisse

ihrer Lebensart hinterlassen hat, ist die ägyptische Epoche. *Das ägyptische Totenbuch*, der Mythos von Isis und Osiris, die Funde der Gräber in den Pyramiden sprechen eine Sprache, die den Tod kennt und seine Wurzeln inmitten des Lebens platziert. Der Kult der Mumifizierung hat nicht lediglich den Sinn der Erhaltung des Leichnams, sondern ist als eine Brücke zwischen dem physischen Körper und der sich in die geistige Welt erhebenden Seele zu verstehen. Der Tod ist nicht das Ende des Lebens, er wird als erhabenes Tor zu einem jenseitigen Entwicklungsweg erlebt. Lediglich in der dekadenten Spätphase der ägyptischen Kultur verlagert sich das Verständnis für das Wesen des Menschen immer stärker ins Diesseits. Mit dem Untergang dieser zivilisatorischen Hochkultur entartet auch der Kult der Mumifizierung zum Versuch, das Irdische festzuhalten und zu konservieren.

Die nächste große Epoche der Menschheitsentwicklung ist das antike Griechenland. Dieses hinterlässt uns überaus kostbare Werke auf dem Gebiet der Philosophie, der Dichtung, der plastischen Kunst und der Architektur. Diese Kultur ist inhaltlich so reich, dass in ihrem Schoß unterschiedliche geistige Strömungen entstehen können. Homer plastiziert uns dichterisch in seinen Meisterstücken *Ilias* und *Odyssee* das Bild des griechischen Menschen in seinem Weltzusammenhang. Das Reich des Todes ist Hades' Welt: Es ist eine Schattenwelt, in der die Seelen der Verstorbenen in einer körperlosen, rauchigen Gestalt als Abbild ihres ehemals physischen Körpers für sich leben. Der griechische Mensch fürchtet diese Unterwelt; nur noch der «Held», also der mit besonderen Fähigkeiten Begabte, der Geschulte, der Muterfüllte, kann, von Liebe und Schmerz getragen, in diese Welt eindringen und sie als lebender Mensch wieder verlassen. Heraklit stellt die Verkettung von Leben und Tod in einem für den damaligen Menschen klaren Bild dar: Alles, was lebt, hat durch den durchlaufenden Strom des Werdens den Tod in sich. Der Tod hat wiederum stets das Leben in sich. Leben und Tod weben beide im menschlichen Leben und Sterben, nur so kann das ewige Werden alles durchströmen.

Doch auch ein anderer philosophischer Ansatz entstand in der griechischen Antike, und zwar durch Demokrit, den Vater der griechischen Atomisten. Seiner Anschauung nach setzt sich alle Materie der Welt aus unteilbaren Stoffteilchen, Atomen, zusammen. Durch die Bewegung der Stoffteilchen zueinander entstehen die Naturvorgänge. Somit wird die Natur hier *entseelt*. Der Mensch fühlt sich nicht mehr als Teil des Göttlichen, welches Natur und Mensch mit seinem Ewigkeitshauch durchströmt. Zum ersten Mal in der Geschichte der Menschheit entsteht nun die Frage, ob die Seele, die gemäß dieser Anschauung ebenfalls aus Atomen besteht, beim Tod des physischen Körpers den Weg der Auflösung geht. Der Tod, der bisher durch alle Kulturen den Menschen als Teil des Lebens begleitet hat, wird nun – und erst jetzt – zum *Rätsel!* Der Keim der materialistischen Weltanschauung wird durch diese Kulturströmung geboren. Obwohl die Philosophie der großen Denker Heraklit, Plutarch, Sokrates, Platon, Aristoteles u.v a. das Ferment der gesamten weiteren geistigen Entwicklung Europas darstellt, hat sich der Strom Demokrits, auch wenn erst unmerklich, aufrechterhalten. Der Boden der Aufklärung war dann fruchtbar für diesen Keim, denn ab da hat er sich zum gewaltigen Gebilde des Materialismus entfalten können.

Die neue christliche Kultur brachte ein in anderer Hinsicht verwandeltes Todesverständnis mit sich. Der Mensch hatte zwar nicht mehr das Empfinden, dass er während seines Lebens in das Reich der Toten eindringen könnte, doch die Toten bekamen Platz inmitten des alltäglichen Lebens. Die Friedhöfe wurden direkt neben den Kirchen, im Herzen der Dörfer und

Städte gebaut. Der Tod wurde als zum Leben dazugehörig akzeptiert, sein Herannahen wurde von den Menschen oft erspürt. Der Sterbeprozess wurde häufig von einem Priester und von der anwesenden Familie begleitet, der Sterbende segnete dabei seine Angehörigen und nahm feierlich Abschied von ihnen.

Im Verlauf der Jahrhunderte verliert der Mensch jedoch immer mehr den Bezug zum Tod und beginnt, diesen als Bedrohung des Lebens zu erleben. Man ringt mit der Gestalt des Todes, die in der religiösen Kunst als furchteinflößende, skelettartige Gestalt des Knochenmanns dargestellt wird. Bis zum beginnenden 20. Jahrhundert hat sich diese Tendenz so weit verstärkt, dass der Tod in den westlichen Gesellschaften immer mehr aus dem Leben ausgeschlossen wird. Der Prozess des Sterbens wird in Krankenhäuser verlegt, das medizinische Personal und die Angehörigen verschweigen dem Sterbenden häufig seinen kritischen Zustand. Was sein Empfinden angeht, ist der Mensch nun sich selbst überlassen. Die zahlreichen Opfer der zwei Weltkriege veranschaulichen das Bild des gefallenen und einsam sterbenden Soldaten. Hier entsteht ein Symbol für den allein sterbenden Menschen der neuen Zeit, der weit von der Familie und vom heimatlichen Boden, oft gar als Namenloser dieser Welt entschwindet. Die Anonymität seines Lebens wird zur Anonymität seines Todes. Das Sterben ist somit ein «entsubjektivierter» Prozess, der als «unmenschlich» grausam und unpersönlich empfunden wird. Der Tod gehört nicht mehr zum Leben dazu, er wird lediglich zum Abbruch des Lebens. Die ursprüngliche Zusammengehörigkeit ist gespalten, Leben und Tod werden nun zu zwei nicht miteinander zu vereinenden Gegensätzen.

So ist eine Kultur entstanden, die den Glauben an eine Seele des Menschen, die nach dem Tod vom Körper unabhängig fortbesteht, als irrational ansieht. Die Vorstellung, dass das

Bewusstsein des Menschen vom Gehirn produziert wird und mit diesem natürlich auch erlischt, dominiert weitgehend alle Lebensbereiche. Der Tod wird als endgültige Auslöschung der menschlichen Existenz deklariert. Die praktischen und intellektuellen Resultate der modernen Natur- und Geisteswissenschaften sind von so großer Tragweite, dass diese neue Weltanschauung eine totalitäre Allgemeingültigkeit beansprucht. Politische Systeme werden auf dieser Grundlage errichtet, schulische und universitäre Bildungseinrichtungen wachsen auf diesem Boden. Der Tod als Erscheinung, als Wesenhaftigkeit des Lebens wird hinwegdiskutiert. Die fehlende Auseinandersetzung mit diesem Bestandteil unseres Seins führt zu einer wachsenden Angst und zu einer Tabuisierung des Todes.

Doch diese Anschauung, obwohl sie unsere westliche Kultur noch durchdringt, hat ihren Zenit bereits überschritten. Bereits im Laufe des 20. Jahrhunderts vermehren sich Phänomene wie außerkörperliche Erfahrungen, Jenseitskontakte und vorgeburtliche Erinnerungen. Immer mehr Menschen berichten von eindrücklichen Engel- und Christus-Begegnungen, von Erlebnissen mit Elementarwesen und mit Verstorbenen. Meditationserfahrungen, die konkrete geistige Erlebnisse implizieren, häufen sich. In Bezug auf den Tod taucht – ausgerechnet als Ergebnis der medizinischen Wissenschaft – ein Phänomen auf, welches das moderne Weltverständnis erneut infrage stellt: Es handelt sich um Nahtoderfahrungen. Mithilfe von notfallmedizinischen Maßnahmen werden Menschen vom Rande des Todes ins Leben zurückgeholt. Diese Menschen erleben sich außerhalb ihres Körpers als waches und klares Bewusstsein, obwohl sie vom medizinischen Personal als klinisch tot deklariert wurden. Sie sprechen weiter von Einblicken in eine andere Realität, in der sie Begegnungen mit Verstorbenen und geistigen Wesenheiten haben. Der entsetzte Versuch der

Wissenschaft, diese Erlebnisse als hirnorganische Prozesse, als angstinduzierte oder psychopathologische Abwehrreaktion einzustufen, scheitert. Abertausende Menschen bezeugen, solche Erfahrungen gemacht zu haben; dabei handelt es sich um psychisch gesunde Menschen. Diese Erlebnisse bestätigen sich gegenseitig, denn sie folgen einem gemeinsamen Muster, obwohl Essenz und Inhalt der Erfahrung von individueller Qualität sind.

Es findet also ein Paradigmenwechsel statt. Die Gesellschaft beginnt, darauf zu reagieren, es entstehen neue medizinische und psychosoziale Fachbereiche, neue Institutionsformen. Der Sterbeprozess erhält erneut Beachtung und Würdigung, in nur wenigen Jahrzehnten entsteht eine weltweite Hospizbewegung. Die Sterbebegleitung und die Palliativmedizin halten Einzug in Kliniken und Krankenhäuser und werden in kürzester Zeit zu anerkannten Disziplinen. Nicht nur die körperlichen Belange des Patienten werden hier berücksichtigt, man ist bestrebt, auch seine psychischen, sozialen und spirituellen Bedürfnisse in diese Konzepte einzubinden.

Somit befinden wir uns inmitten eines weltanschaulichen Umbruchs und können sehenden Auges wahrnehmen, wie die Zeit des materialistischen Denkens bereits abgelöst wird. Wie jede geschichtliche und geistige Ära zuvor, hat auch diese Kulturepoche einen zeitlichen Verlauf gehabt, in welchem sie gewisse Denksysteme, Inhalte und gesellschaftliche Formen entwickelt hat. Doch das Bewusstsein des Menschen verändert sich stetig und ermöglicht neue Wirklichkeitserfahrungen. Die bereits angebrochene Zeit bringt ein neues Verständnis für die Dimensionen von Leben und Tod mit sich, sie ermöglicht neue Erlebnisfähigkeiten hinsichtlich einer geistigen Realität und erschafft somit auch einen neuen Bezug zur Ganzheit des Menschseins als ein sich durch unterschiedliche Seinszustände entwickelndes physisch-seelisch-geistiges Wesen. Das, was zuletzt kontrovers als Glaube oder Nichtglaube an eine Existenz nach dem Tod diskutiert wurde, wird nun immer deutlicher von einer Spiritualität abgelöst, die auf persönlicher Erfahrung basiert. Bewusstseinsdimensionen, die unser Tagesbewusstsein überragen, erschließen sich immer mehr Menschen und eröffnen ihnen Einblicke in eine überaus vielschichtige, wundersam komplexe Komposition von übersinnlichen Ebenen.

Der Bereich der Verstorbenen stellt lediglich eine Sequenz dieses umfassenden Sinngefüges dar. Die Frage, *ob* es eine Existenz nach dem Tod gibt, scheint für eine große Mehrheit unserer Gesellschaft bereits geklärt zu sein: ja! Nun geht es überdies darum zu erfahren, *wie* es nach dem Schwellenübertritt weitergeht. Wir können uns also auf den Weg machen und die nachtodlichen Welten Schritt für Schritt erkunden.

Der Sterbeprozess

> Wenn du bei Nacht den Himmel anschaust,
> wird es dir sein, als lachten alle Sterne,
> weil ich auf einem von ihnen wohne,
> weil ich auf einem von ihnen lache. (…)
> Und wenn du dich getröstet hast (…),
> wirst du froh sein, mich gekannt zu haben.
>
> *Antoine de Saint-Exupéry:*
> *Der kleine Prinz*

Die Thanatopsychologie unterteilt den Prozess des Sterbens in drei Stufen: Sterben, Tod und Danach. Das verweist sachgemäß auf die Tatsache hin, dass der Tod ein dynamisches Geschehen ist, welches einen fortschreitenden Verlauf impliziert. Dementsprechend ist auch zu erklären, dass der Tod nicht erst im Augenblick des physischen Absterbens wahrgenommen werden kann, sondern in vielfältiger Weise bereits schon im Voraus.

Als Sterbeerlebnisse werden diejenigen Erlebnisse betrachtet, die in der gesamten Phase vor dem Tod stattfinden. Sie beziehen sich zunächst auf Zustände, die mit dem körperlichen Zerfall und mit der psychischen Beschäftigung mit dem Tod in dieser letzten Phase zu tun haben. Hier setzt die klassische psychologische Sterbebegleitung ein. Das Regeln noch ungelöster Dinge, das Abschiednehmen von Familie und Freunden gehört unmittelbar zu dieser Arbeit. Den meisten Sterbenden ist es auch ein Bedürfnis, ihr Testament und den Nachlass zu regeln. Manche möchten ihre Beisetzung abklären, andere wiederum scheuen sich gerade davor, diese Thematik anzugehen.

Diese Angelegenheiten bilden den äußeren Rahmen und somit die erste Ebene dieser Arbeit.

Eine zweite Ebene in der Begleitung Sterbender ist die Auseinandersetzung des betroffenen Menschen mit der eigenen Lebensgeschichte. Falls sein Zustand es erlaubt, ist eine abrundende und verständnisbildende Gesamtschau über seine irdische Biografie ein überaus wichtiger Prozess. Dieser biografische Blick ermöglicht es ihm, seinen Selbstbezug zu klären, den großen Bogen seines Lebenswegs zu erkennen und den Übergang über die Schwelle annehmend vorzubereiten.

Eingebettet in diesem Geschehen der Klärung und Loslösung tauchen bei einigen Menschen geistige Erlebnisse auf, die durch die Anwesenheit von Engeln und bereits Verstorbenen ihren herannahenden Tod vorzeichnen. Diese Erlebnisse bilden die dritte und innigste Ebene des Sterbeprozesses eines Menschen. Sie zeigen auf, dass der Tod geistig vorbereitet wird und sich übersinnlich ankündigt.

Ich erinnere mich an eine siebenundsechzigjährige Patientin im Krankenhaus, die einen äußerst schwierigen Krankheitsverlauf gehabt hatte. Ihr Wesen war liebevoll und mild, sie nahm die Hilfe der Pflegenden bescheiden und überaus dankbar an. Eines Tages betrat ich ihr Zimmer, und das Erste, was sie sagte, war: *«Ich werde erwartet, wissen Sie? Ich werde erwartet»*, und ein Lächeln erhellte ihr grau gewordenes Gesicht. Ihr Körper war stark von der Krankheit gezeichnet, sie atmete schwer, die Schmerzen wurden von Tag zu Tag unerträglicher. *«Ja, ich werde erwartet»*, wiederholte sie. Ihre Augen leuchteten dabei, und von ihrem Wesen ging ein freudevoller Glanz aus. *«Möchten Sie mir davon erzählen?»*, fragte ich sie.

«Es ist mein Engel. Ich weiß, dass er es ist. So liebend ist er, er wartet geduldig. Meistens am Kopfende steht er, sehen

Sie? Hier …», sagte sie und deutete auf die Wand hinter ihrem Bett. *«So liebend ist er … Und manchmal sehe ich ihn in der rechten Ecke des Zimmers, dort am Fenster, neben dem Vorhang, sehen Sie? Aber das ist seltener. Meistens spüre ich ihn hier hinten, bei mir. – An manchen Tagen sind es auch andere Gestalten, die im Zimmer auftauchen. Meine Mutter ist darunter. Oh, es ist so lange her, dass sie starb …»* Der Blick der Patientin wandte sich wie nach innen, Kindheitserinnerungen aus einer längst vergangenen Zeit wurden in ihr lebendig. Sie berichtete von der Mutter, von den gemeinsamen Jahren, vom Tod der Mutter. *«Und wissen Sie, sie ist so jung jetzt, viel jünger als damals, und so schön, so strahlend! – Es wird Zeit für mich zu gehen. Ich werde dort erwartet. Ich habe auch keine Angst mehr, es ist nur ein Übergang. Das weiß ich jetzt.»*

Wenige Tage später verstarb die Patientin im Beisein ihres Lebensgefährten, ruhig, gefasst und bei klarem Bewusstsein.

Szenenwechsel, ein anderes Patientenzimmer: eine Dame, Mitte fünfzig, die noch sehr mit ihrer Erkrankung hadert. Es fällt ihr schwer zu akzeptieren, dass ihr Leben nun schon so früh zu Ende gehen sollte. Eines Tages flüstert sie mir unerwartet zu:

«Ich sehe ständig eine Gestalt am Fenster. Ich habe nie an so etwas geglaubt, aber sie ist immer wieder da. Ich bin zwar krank, aber nicht verrückt. Können Sie sie auch sehen?»

Ich sehe hin und schaue ihren Engel. *«Ja, da ist jemand. Können Sie selbst erkennen, wer das ist?»*

«Sie kommt mir so vertraut vor, die Gestalt, als ob ich sie schon immer kennen würde. Aber ich habe sie bisher noch nie gesehen.» Sie dachte und spürte nach, und nach einem langen Schweigen erhellte sich das Gesicht der Patientin. Ganz leise sagte sie: *«Es ist meine ‹Engelin›. Man spricht sonst immer von Engeln, aber für mich erscheint sie wie eine Engelin.»*

Es war ein ganz besonderer, inniger Augenblick. Der Ausdruck «Engelin» klang für mich selbst überraschend, umso wichtiger fand ich es, dass die Patientin ihre Wahrnehmung zulassen und entsprechend auch ganz authentisch bezeichnen konnte. Ab diesem Augenblick veränderte sich ihr seelischer Zustand. Es war für sie wie ein Aufatmen, sie begann, ihre Erkrankung anzunehmen, und wir konnten bis zu ihrem Tod intensive verarbeitende Gespräche führen.

Eine andere Patientin, eine recht ruppige und wenig freundliche ältere Frau, die schon seit längerer Zeit bettlägerig war, empfing mich eines Tages zwar wie immer in ihrem Bett, aber wie zum Ausgehen fertig angezogen. Sie hatte ihren Schmuck angelegt, ihr schön gestricktes Wolljäckchen angezogen, die Schuhe standen fein nebeneinander direkt am Bett.

«Was ist denn los?», fragte ich sie, *«wo möchten Sie denn hin?»*

«Wissen Sie, ich werde abgeholt. Meine Mutter ist gekommen.»

Mein Verstand fing kurz an nachzurechnen: Die Patienten ist Anfang achtzig, die Mutter müsste mindestens hundert Jahre alt sein, das kann sie also nicht gemeint haben. Mir wurde klar, um was es ging, ich wollte aber nicht vorgreifen und fragte:

«Wie meinen Sie das? Lebt Ihre Mutter noch?»

«Nein, natürlich nicht», antwortete sie barsch, *«aber sie ist trotzdem gekommen! Heute Morgen, da …»* und zeigte auf das Eck des Zimmers, *«da stand sie. Ich habe sie ganz deutlich gesehen.»*

«Ach ja? Und was hat denn Ihre Mutter gesagt?»

«Sie hat gesagt: ‹Ich komme dich holen. Wir warten schon auf dich.› Und sie war so schön und so jung, meine Mutter. Wissen Sie, sie hat so jung ausgesehen wie zu meiner Kinderzeit, und sie hat so lieb ausgeschaut und war ganz aus Licht.»

Und nach einer Pause fügte die Patientin wieder in ihrer ruppigen Art hinzu: *«Also, das heißt: Ich gehe jetzt! Ich muss jetzt gehen, oder?»*

Ich schaute mir die Dame noch einmal genauer an. Sie machte, trotz des fortgeschrittenen Alters und der sehr schweren Erkrankung, keinesfalls den Eindruck, unmittelbar an der Schwelle zu sein. Bis zur besagten Begegnung war es ihr nicht möglich gewesen, auf ihr Leben zurückzublicken oder ihren eigenen Sterbeprozess in irgendeiner Form zu gestalten. Recht schroff zu allen, die sie umgaben, hatte sie bis dahin tiefer gehende Gespräche verweigert. Ihre trotzige Haltung war durch die Begegnung mit ihrer verstorbenen Mutter jedoch einer staunenden Klarheit und Offenheit gewichen. Ich sagte ihr dann: *«Wir gehen alle irgendwann, und Sie natürlich auch, aber ich habe nicht den Eindruck, dass Sie jetzt gleich gehen müssen. Es ist sehr schön, dass Ihre Mutter da war, und es ist wunderbar, dass Sie wissen, Sie werden erwartet. Aber jetzt lassen Sie uns doch mal schauen, ob Sie hier noch etwas zu erledigen haben. Gibt es noch etwas, was Sie tun möchten? Sind Sie wirklich bereit, Abschied von diesem Leben zu nehmen?»*

Nun wurden endlich Gespräche möglich. Durch die Erscheinung der Geistgestalt ihrer Mutter gerührt, ließ die Patientin nun Kindheits- und Lebenserinnerungen zu. Vom Krieg geprägte Erlebnisse und Schicksalsschläge, auch schöne und freudevolle Augenblicke ihres Lebens kamen zur Sprache. Sie litt nun schon an Altersdemenz, sodass wir ihren Lebenslauf nicht strukturiert durcharbeiten konnten, aber einzelne Bilder und farbenfrohe Stimmungen leuchteten in ihrer Seele wieder auf. Nach nur wenigen Wochen starb sie befriedet. Ganz ihrem Wesen entsprechend, hat sie sich hierfür einen Augenblick ausgesucht, in dem sie ganz allein war.

Durch die Arbeit mit sterbenden Menschen ist mir überaus deutlich geworden, wie wichtig die biografische Arbeit ist, auch wenn diese erst ganz am Ende eines Menschenlebens erfolgt. Dadurch, dass da ein Gegenüber ist, jemand, der achtsam Fragen stellt und aufmerksam zuhört, bildet sich ein feiner, reiner Wahrnehmungsraum. Je vertrauensvoller und offener der Patient dabei ist, desto empfänglicher wird er für die innere Wahrheit seines eigenen Lebens. Ereignisse seines irdischen Weges erscheinen ihm dabei in einem neuen Licht, Zusammenhänge und Rhythmen seines Lebenslaufs lassen sich erschließen, Verdrängtes kann zumindest teilweise noch zum Vorschein kommen. Auch Schmerzhaftes kann seelisch noch heilen. Der Mensch vor der Schwelle erhält so die Möglichkeit, vieles zu klären und zu lösen, was sowohl auf den eigenen Todesprozess als auch auf die spätere nachtodliche Entwicklung positive Auswirkungen hat.

Ungelöste und verdrängte Erlebnisse wirken nach dem Tod stark hemmend, von daher hat es eine befreiende Wirkung, wenn solche Dinge noch vor dem Schwellenübertritt erkannt, benannt und als zu sich selbst gehörend angenommen werden. Entscheidend in diesem Prozess ist das Verzeihen und Vergeben, anderen und – nicht minder von Bedeutung – sich selbst. In vielen Lebensläufen begegnet man ungeklärten zwischenmenschlichen Verhältnissen, Vorwürfen oder Groll, unbewältigter Wut und ungelöstem Zwist. Wenn es die Situation ermöglicht, ist es hilfreich, wenn der Sterbende diese Sachen mit den entsprechenden Menschen noch persönlich klärt und bereinigt. Doch wenn keine gemeinsamen Aussprachen mehr möglich sind, ist auch ein allein vollzogener Reinigungsprozess förderlich und entlastend. Dieser Akt bildet eine geistige Realität und hat somit Auswirkungen auf das weitere Verhältnis dieser Menschen.

Es geschieht auch wiederholt, dass Menschen am Ende ihres Lebens noch etwas mit jemandem abklären möchten, der bereits verstorben ist. In diesen Fällen wird stets das Bedauern ausgesprochen, dass man denjenigen nicht mehr erreichen kann, um ihn beispielsweise um Verzeihung zu bitten. Doch auch hier kann der Sterbende dazu ermutigt werden, sich dem entsprechenden Verstorbenen innerlich zuzuwenden und aufrichtig das auszusprechen, was ihm auf dem Herzen liegt. Dies übt ebenfalls eine reale Wirkung aus und wird von der nachtodlichen Welt viel unmittelbarer aufgenommen, als man sich dies allgemein vorstellt.

Insgesamt bewirkt der bewusste Umgang mit dem eigenen Lebenslauf Klärung und Reinigung. Durch diese Arbeit entsteht meist tiefe Dankbarkeit für das Gewesene, für die Wunder und die Geschenke der eigenen, ganz einmaligen Biografie. Jeder Lebensgang hat seine eigene Signatur, seine Reichtümer, seinen Schmerz, der wiederum seinen Beitrag zur Entwicklung leistet und somit einen tiefen Sinn erfüllt. Im Anschauen des biografischen Lebensbogens leuchtet die Kraft des eigenen höheren Ichs auf, welches diese Inkarnation angelegt hat und welches der Lenker in den entscheidenden Lebensereignissen gewesen ist.

Davon ausgehend kann auch aufmerksam darauf geschaut werden, welche Impulse in diesem Leben nicht umgesetzt werden konnten. Welche Versäumnisse gab es, welche Chancen wurden nicht genutzt? Es geht dabei keinesfalls darum, diese Dinge als persönliches Versagen zu werten, sondern sie als Keime für eine weitere Zukunft mitzunehmen. Das zu Ende gehende Leben eines Menschen spannt nicht nur einen nach hinten gerichteten Bogen über die bereits gelebte Vergangenheit, sondern entwirft auch einen Schicksalsbogen in die Zukunft hinein. Der eigene Engel hütet diese Erkenntnisprozesse und enthüllt sie dem Verstorbenen erneut während seiner Zeit in der nachtodlichen Astralwelt. Je bewusster wir all das, was zu uns gehört, als Antrieb für eine weitere Entwicklung mitnehmen, umso wachsamer und konkreter können wir diese Themen und Motive in einer künftigen Inkarnation aufgreifen und ausgestalten.

Es ist wünschenswert, dass solche Aspekte biografischer Arbeit, die den gelebten Lebensbogen abrunden, stärker in die Sterbebegleitung einfließen. Ähnlich bedeutend ist es, die geistigen Wahrnehmungen und Erlebnisse, die während des Sterbeprozess gemacht werden, ernst zu nehmen und sie einzubeziehen. Man kann den Sterbenden darin ein würdiger Gesprächspartner werden, indem man seine eigene Wahrnehmung verfeinert und schult.

Eines Tages betrat ich das Zimmer einer an Krebs erkrankten Frau. Sie war etwa Ende vierzig, Mutter von vier Kindern. Ihre gesamte Familie bangte seit Wochen darum, ob die Therapie anschlagen würde oder nicht. Als ich an diesem Tag in ihr Zimmer ging, lag ein heilig-tiefer Ernst vor, mir stockte dabei der Atem. Ich blieb erst stehen und versuchte zu erspüren, was da vorlag. Es schienen viele Gestalten anwesend zu sein. Am Kopfende der Patientin stand ihr Engel, die Arme in einer umhüllenden Geste um sie ausgebreitet. Es war, als ob er sie tragen würde, obwohl sie im Bett lag. Das Haupt des Engels war über sie gebeugt, sein Ausdruck war würdevoll, mitfühlend und wartend. Seitlich am Bett standen die bereits verstorbenen Schwiegereltern der Patientin, milde lächelnd und ebenfalls in einer schweigend-abwartenden Haltung. Da wurde mir klar, dass ihr Schwellenübertritt auf der geistigen Ebene bereits entschieden wurde, was wenige Wochen später auch geschah.

Nicht die Anwesenheit von geistigen Wesenheiten ist Anzeichen dafür, dass ein Mensch an der Schwelle steht, denn diese sind natürlich auch in anderen Krankheits- und Lebenssituationen gegenwärtig. Doch die Schwelle hat ihre besondere Stimmung, sie kann wahrgenommen und bewusst begleitet werden. In früheren Zeiten wurden kranke und sterbende Menschen überwiegend im Kreise ihrer Familie gepflegt, sie konnten zu Hause, von der vertrauten Umgebung geachtet, Abschied von diesem Leben nehmen. In unserer Gesellschaft sterben die meisten Menschen jedoch in Krankenhäusern oder in Altersheimen. Umso wichtiger ist es, dort Bewusstseinsräume für sie zu gestalten und eine schützende, heilende Atmosphäre zu schaffen, damit sie diesen Übergang in Würde und in Frieden erleben können.

Der Augenblick des Todes

(…) der Körper wird wie ein Kleid zerreißen,
aber Ich, das wohlbekannte Ich, Ich bin.

Johann Wolfgang von Goethe:
Wilhelm Meisters Lehrjahre

Wer beim Tod eines Menschen anwesend gewesen ist, weiß, wie unaussprechlich ergreifend dieses Geschehen ist. Der Übergang einer Seele aus der physischen in die geistige Welt ist ein Ereignis von realer Auferstehungsqualität. Während eines natürlichen Sterbeprozesses vollzieht sich meist ein friedvoller, leuchtender Übergang über die Todesschwelle, bei dem man Zeuge eines wahrhaft geheiligten Augenblicks werden kann.

Phänomenologisch betrachtet, ziehen sich im Todesmoment die oberen Wesensglieder – Ich, Astralleib und Ätherleib – aus dem physischen Leib heraus. Geistig schauend kann wahrgenommen werden, wie die Geistgestalt des Sterbenden sich aus dem Körper löst und darüber schwebt. Meist geschieht dieses Sich-Herausziehen der Wesensglieder über den Kopf, also über das Kronenchakra, in einzelnen Fällen aber auch über den Herzensraum, also über das Herzchakra. Der Astralleib löst sich schnell aus dem physischen Leib heraus, er trägt weiterhin das Bewusstsein des Menschen und ist vom Ich durchzogen. Beim Ätherleib geschieht dies in einer schwingenden und langsameren Weise. Auch wenn dieser die physische Hülle in einer unumkehrbaren Weise verlässt, so ist über einen längeren Zeitraum hinweg noch ein Vibrieren des Ätherleibes im Umraum des physischen Körpers zu vernehmen. Das dauert in der Regel in etwa drei Tage, es gibt allerdings auch erhebliche zeitliche Abweichungen. Bei Tieren wiederum vollzieht sich das vibrierende Herauslösen des Ätherleibes in nur einigen Minuten, beispielsweise bei einer Maus oder einem kleinen Vogel. Bei Haustieren, die einen starken Bezug zu ihrem menschlichen Umfeld hatten, kann dies bis zu einer oder mehreren Stunden dauern.

Die Geistgestalt des verstorbenen Menschen ist im Augenblick seines Todes in ätherischen Umrissen als Menschengestalt deutlich erkennbar. Sie schwebt über dem leblosen physischen Leib und ist von Licht umgeben. Gleichzeitig leuchtet sie in gewisser Weise auch aus sich heraus. Da der Ätherleib der Träger des Gedächtnisses ist, entfaltet sich nun in seiner Ausdehnung das gesamte Lebenstableau des soeben verstorbenen Menschen, welches von diesem als umfassender Lebensrückblick erlebt wird. Meist treten hier alle Erlebnisse gleichzeitig auf, der Verstorbene sieht auf sein Leben wie von einem Berg in eine weite Landschaft.

Neben und um die Geistgestalt des Verstorbenen sind immer mehrere Engelwesenheiten gegenwärtig. Sinnbildlich gesprochen tritt der Schutzengel, der während der Inkarnation meist hinter seinem Menschen stand, nun einen Schritt vor, an die Seite des exkarnierten Menschen, und wird für diesen «sichtbar». Ihm gesellen sich weitere Engelwesenheiten zu, die den über die Schwelle Getretenen umgeben. Für all diese Engelwesenheiten ist in diesem Augenblick die ewige Ich-Gestalt dieses Menschen und seine vollständige Inkarnationskette von Urbeginn an und durch all ihre Stadien deutlich wahrnehmbar.

Auch Gestalten verstorbener Menschen, die in der Zeit der Inkarnation mit dem nun soeben Exkarnierten verbunden waren, erscheinen beim Übergang in die geistige Welt. Meist sind es nahe Angehörige, enge Freunde oder Weggefährten, die bereits früher über die Schwelle gegangen sind. Ihre Stimmung ist von einer mitfühlenden, verständnisvollen und liebegetragenen

Milde durchströmt. Sie empfangen den Neuankömmling mit inniger Freude und bilden für sein Seelenerleben eine Brücke zwischen den Welten.

Die Elementarwesen im Raum reagieren ebenfalls sehr stark auf den Todesaugenblick eines Menschen. Sie versammeln sich wie lernbegierige Kinder um den Geschehensort und schauen ganz gebannt und aufmerksam auf das Ereignis. Auch ihnen offenbart sich die aufleuchtende Ich-Gestalt des soeben Verstorbenen, wenn auch in einer anderen Form als den Engeln. Sie erblicken eher die Bedeutung dieses Menschen für das Werden der Erde wie auch die Spur, die dieser durch seine Inkarnationen hindurch der Erde eingeschrieben hat.

Der Sterbeaugenblick eines Menschen ist also nie ein Einsamkeitsmoment. Das irdische Licht des über die Schwelle Gehenden verlöscht, doch sein geistiges Licht leuchtet auf. Die Hierarchien erwarten und empfangen ihn in einer erhabenen Feierstunde. Das, was sich für die Welt der Hinterbliebenen verdunkelt, erstrahlt auf der anderen Seite in einem lichtvollen geistigen Festakt. Der sich Exkarnierende erlebt, dass er sich aus dem Physischen «herausatmet», dies bedeutet für ihn eine Befreiung und eine Ausweitung seines Wesens. Er schaut auf seinen Leib und erkennt, dass dieser Teil von ihm lediglich seine abgelegte physische Hülle ist. Sein Bewusstsein in der geistig-ätherischen Wirklichkeit, in der er sich nun befindet, ist klar und wach, er erkennt die Wesenheiten, die ihn nun empfangen. Für den Verstorbenen selbst ist es ein sakraler Augenblick, in welchem seine Individualität, eingebettet im Licht einer höheren geistigen Wirklichkeit, zu sich selbst aufersteht.

Es ist nicht zwingend erforderlich, physisch anwesend zu sein, um den Schwellenübertritt eines Menschen wahrzunehmen. Aus der Zeit der Weltkriege sind beispielsweise Berichte bekannt, in denen beschrieben wird, wie im Augenblick des Todes eines Soldaten dieser seiner daheim gebliebenen Mutter oder Frau in ätherischer Gestalt erschien. Spätere Überprüfungen belegten dann, dass der Zeitpunkt solcher Erlebnisse mit dem tatsächlichen Zeitpunkt des Todes des im Kampf Gefallenen übereinstimmten. Auch in unserer Zeit berichten immer häufiger Menschen davon, dass sie den Tod eines nahen Freundes oder Angehörigen aus der Entfernung wahrnehmen konnten, der ihnen als Lichtgestalt erschien. Tiefe Liebe und innige Herzensverbundenheit bilden hier die Verbindung zwischen den Verstorbenen und den Hinterbliebenen.

Gleich zu Beginn meiner Krankenhaustätigkeit hatte ich mit einer älteren Patientin eine sehr berührende Begegnung. Während meiner ersten Visite mit den Ärzten mussten bei der neunundachtzigjährigen Dame die Verbände ausgewechselt werden. Die Wunden sind tief, die Patientin versucht ein Stöhnen zu unterdrücken, doch bei jeder Berührung zuckt sie gequält zusammen. Ihr Gesicht ist schmerzverzerrt, ihre Augen schauen mich weit aufgerissen an. Ich beuge mich zu ihr, halte dabei ihre Hand, und wir blicken uns nur schweigend an. – Am Nachmittag begebe ich mich erneut in ihr Zimmer, dieses Mal allein. Die Dame schläft, erschöpft von der anstrengenden Prozedur am Morgen, und schnarcht mit offenem Mund. Ich setze mich leise auf einen Stuhl und schaue sie an. Ihr Leib ist regelrecht abgemagert, die Knochen drücken sich durch die Bettdecke hindurch, ihre schmerzgekrümmte Gestalt wirkt wie die eines kleinen, dürren Mädchens. Ich frage mich, welches Schicksal wohl diese Frau in ihrem langen Leben zu tragen gehabt hat, und beginne, schweigend ein Gebet für sie zu sprechen.

Am Abend komme ich wieder, um mit ihren Angehörigen zu reden. Die Patientin bemerkt mich sofort, ihre kleinen, dunklen Augen funkeln, und sie sagt:

«Ah, Sie waren heute schon einmal da!»

«Ja», entgegne ich ihr, *«morgens bei der Visite.»*

«Nein, nein, Sie waren am Nachmittag auch da, als ich schlief.»

Ich bin etwas verwundert darüber und denke nach, in welchem Augenblick sie mich hätte wahrnehmen können: *«Sie haben doch tief geschlafen, woher wissen Sie das?»*

Sie lächelt: *«Ach, Kind, zwischen den Welten sieht man doch nach beiden Seiten hin. Da, wo ich jetzt bin, öffnen sich immer wieder die Türen, hierhin und nach drüben hin.»* Sie rückt dann mühsam etwas näher und fügt hinzu: *«Schön war das Vaterunser, wie Sie es gesprochen haben.»*

«Ich habe kein einziges Wort gesprochen, es war ein inneres Gebet.»

«Meinen Sie, das macht einen Unterschied?», sagt sie und lächelt wieder. *«Gedanken, alles Innere ist auf der anderen Seite Wirklichkeit. Die Schwelle, ja …»*

Es folgen noch viele intensive Gespräche in den kommenden Tagen, biografische Lebenserinnerungen vermischen sich mit geistigen Wahrnehmungen, die die Patientin in dieser letzten Zeit im Krankenhaus hat. Das scheinbare Durcheinander ihrer Erzählungen, welches die sie liebevoll begleitenden Angehörigen manchmal überfordert, ist keinesfalls ein wirrer, unzusammenhängender Gedankenknäuel. Wenn man sich ihr innerlich ganz aufmerksam zuwendet, erspürt man, wann sie die Ebenen wechselt und in welchem Bewusstseinsbereich sie sich gerade befindet. Man begleitet sie auf wunderbare Reisen durch ihr langes, bewegtes und ereignisvolles Leben. Die fünf Sprachen, die sie in ihrer Jugend fließend sprach, treten nun hervor, sich gegenseitig abwechselnd, die unterschiedlichen Lebensereignisse kolorierend. Die hochbetagte Dame hat eine ansteckende Freude daran, aus dem Französischen ins Englische zu wechseln, bald darauf mit ihrer dünnen Stimme italienische Lieder anzustimmen und russische Gedichte zu rezitieren, um dann wieder mühelos bei Goethes *Faust* zu landen. – Und dann schläft sie nach diesen «Eskapaden» vor Erschöpfung ein, der Raum ist noch voll von ihrem Lachen und ihrer spitzbübischen Freude. Man fragt sich stets, woher sie diese Kraft noch hat, denn ihr Leib gibt kaum noch eine Grundlage dazu.

Andere Male aber wechselt leise ihre Stimmung, sie verlässt das Land der Erinnerungen und führt einen in eine andere Wirklichkeit ein, die sie unmittelbar umgibt:

«In manchen Momenten wird es so hell im Zimmer, es ist ein wunderschönes, helles Licht! Es ist eine solch liebende Kraft darin. Alles ist Licht, alles ist Wärme, alles ist Liebe! Alles ist eins, und wir sind Teil davon, wir sind darin eingebettet ... Und da ist eine Gestalt, sie sitzt in der Ecke des Zimmers und wartet. Sie ist meistens da, wenn ich allein bin; aber auch manchmal, wenn Sie da sind. Können Sie sie sehen? Da, im Eck des Zimmers, da sitzt sie.»

«Können Sie mir diese Gestalt beschreiben?»

«Ja, sie ist hell und schön, sie ist aus Licht. Ich kann sie auch sehen, wenn ich die Augen geschlossen halte. Sie sieht aus wie eine Frau, ich meine, sie ist keine Frau, wir sagen das nur so, weil sie so schön ist wie eine Frau. Für uns ist eine Frau das Schönste, das wir kennen, aber es ist eine wunderschöne Gestalt, noch viel, viel schöner, und ganz aus Licht.»

«Wer ist diese Gestalt?»

«Ich weiß es nicht. Ich glaube, es ist mein Engel. Aber ich weiß es nicht genau. Ich werde es wissen, wenn ich drüben bin.»

Auf eindrucksvolle Weise teilt die Patientin in diesen Tagen weitere Erlebnisse dieser Art mit. Als mir einige dienstfreie Tage bevorstehen und wir beide innerlich wissen, dass die Zeit des Abschieds gekommen ist, bittet sie mich, noch einmal das Vaterunser zu sprechen, dieses Mal gemeinsam mit ihr. Ich halte ihre kleine, knöcherne Hand, wir schauen uns intensiv in die Augen und sprechen gemeinsam dieses Gebet, Wort für Wort, Zeile für Zeile. Tiefe Ernsthaftigkeit und gleichzeitig eine lichte, getragene Stimmung prägen diesen Augenblick. Ich fahre weg, mit Tränen in den Augen, zutiefst bewegt von der nahezu magischen Begegnung mit dieser besonderen Frau.

Zwei Nächte später wache ich gegen 4.00 Uhr auf. Es ist eine stille, kalte Winternacht, der Mond wirft leichte Schatten ins Zimmer. Auf einmal spüre ich rechts oberhalb von mir eine Gestalt und erkenne das Geistwesen dieser lieben Patientin. Es geht eine sanfte, lichte Stimmung von ihr aus. Sie sagt, dass sie nun gehen wird, ihre Zeit sei gekommen und sie fühle sich nun ganz frei und voller Friede. Sie wolle sich verabschieden und mir noch einmal für unsere so innige Begegnung danken. Wir würden uns eines Tages wiedersehen und sie sei immer da, das solle ich nicht vergessen. Ich spürte noch einmal ihre ganze Seelenwärme, und ihre Gestalt löste sich dann für meine Wahrnehmung auf. Ich empfand, kaum merklich, nur noch einen zarten Windhauch, der mich wie ein sanftes Lächeln leise berührte.

Ich schaute auf die Uhr, es war 4.07 Uhr. Nach dem Morgengrauen zog ich mich an und fuhr in die Klinik. Die Pflegenden auf der Station empfingen mich sehr überrascht:

«Frau Doktor, was machen Sie hier? Sie haben heute doch gar keinen Dienst.»

«Frau B. ist heute Nacht gestorben, oder? Wissen Sie, um wie viel Uhr das war?»

«Ja, sie starb um kurz nach 4.00 Uhr. Aber woher wissen Sie das?»

«Nur so ein Gefühl …», erwiderte ich.

Dann betrat ich das Patientenzimmer, wo die Dame von den Pflegenden gewaschen und zurechtgemacht wurde. Sie hatten ihr ein weißes, schönes Kleid angezogen, sie wirkte, trotz der unzähligen Falten, fast wie ein junges Mädchen. Auf ihrem Bett waren überall Blumen gestreut worden, es war ein unbeschreiblich schöner Anblick. Ich schaute ihr Gesicht an, ein liebevolles Lächeln hatte sich ihm eingeprägt. Und ihr Antlitz blieb bis zur Beisetzung sanft strahlend, so wie ich sie in der Nacht ihres Todes erlebt hatte. Sie war meine erste Patientin, die starb. Ich bin ihr bis heute zutiefst dankbar dafür, dass sie mich in dieser Weise an ihrem Tod hat Anteil nehmen lassen.

Selten habe ich einen ähnlich harmonischen Sterbe- und Todesprozess erlebt. Trotz physischer Schmerzen und einer zermürbenden Krankheitsphase war diese Frau ihrem Schicksal gegenüber annehmend und bejahend geblieben. Sie lebte ganz dem Augenblick hingegeben, ihre Seele war freudig und offen wie die eines Kindes. All dies hat ihrem Schwellenübergang diese anmutige, würdevolle Prägung gegeben. Wenn der Tod eines Menschen in dieser Weise geschehen kann, so ist das eine Gnade.

Es ist jedoch nicht unbedingt der Regelfall, dass ein Mensch in dieser Weise stirbt. Sein physischer Zustand, seine seelische Verfassung, die bewusste und unbewusste Haltung gegenüber dem Tod wie auch die Art seines Todes spielen dabei eine entscheidende Rolle. Somit hat der Schwellenübertritt eine ebenso individualisierte Signatur wie auch die Geburt eines Menschen.

Schwierigkeiten des Schwellenübergangs

> Freund, so du etwas bist, so bleib doch ja nicht stehn;
> Man muss aus einem Licht fort in das andre gehn.
>
> *Angelus Silesius:*
> *Der cherubinische Wandersmann*

Die Prägung unserer Kultur lässt uns im Zusammenhang mit dem Todesgeschehen ein unmittelbares Angstempfinden verbinden, welches in Qualität und Intensität von Mensch zu Mensch variiert. Es gibt unterschiedliche Formen von Angst, bewusste oder unbewusste, überwältigende oder schleichende, offensichtliche oder subtile. Doch in all ihren Formen schnürt die Angst das Seelenerleben zu und schränkt die eigene Wahrnehmung ein. Eine Abwehrhaltung gegenüber dem Tod spiegelt sich meist unmittelbar im Sterbegeschehen wider. Das kann so weit führen, dass der Todesprozess eher einem Kampf als einer Erlösung ähnelt. Auch für das Erleben in der nachtodlichen Welt hat dies direkte Auswirkungen. Wenn das eigene Seelenlicht verdunkelt ist, so ist auch die Wahrnehmungsfähigkeit in der Ätherwelt stark eingeschränkt.

Das ganz persönliche Verhältnis zu den geistigen Dimensionen des Seins gestaltet ebenfalls in maßgeblicher Weise den Schwellenübertritt mit. Einen religiösen oder spirituellen Hintergrund zu haben ist jedoch kein Garant für ein erlöstes Sterben. Mit Erstaunen musste ich feststellen, dass der Glaube vieler Menschen vielmehr theoretischer Natur ist. Im Angesicht des Todes erleben sie doch Zweifel und Verzweiflung, Verunsicherung und Angst. Das aufrichtige «Gottvertrauen» ist nicht wirklich in ihrem Wesen verankert. Lebenslange Kirchengänger und spirituelle Menschen aller Couleur bilden da keine pauschale Ausnahme. Entscheidend sind hier nicht die theoretischen Vorstellungen, die man sich im Leben gebildet hat. Das wahrhaftig Empfundene und Gelebte, man könnte sagen, die «Spiritualität der eigenen Seele» ist diejenige Kraft, die das eigene Bewusstseinslicht in der Geistwelt entzündet.

Es gibt auch Todes*arten*, die ein schwieriges Passieren der Schwelle bedingen. Es geht hier um Situationen, in denen der Tod sehr unerwartet oder gewaltsam eintritt. Unfälle, Katastrophen, Gewalttaten, Kriegsgeschehen, Mord oder Selbstmord können für die betreffenden Menschen einen massiven Schock auslösen. Der Tod tritt hier physisch wie auch seelisch in einer brutalen Weise ein. Die Seele wird dem Leib regelrecht entrissen und erlebt dabei meist Angst, Entsetzen, Hilflosigkeit und Verzweiflung. Die Traumatisierung kann so groß sein, dass diese Menschen zunächst auch nicht begreifen, was mit ihnen geschehen ist. Sie sind von den Ereignissen überwältigt und zutiefst erschüttert, dadurch auch konfus und desorientiert. Umso wichtiger ist es, in solchen Fällen beruhigend und aufklärend einzuwirken. Oft hilft hier im ersten Schritt schon ein innig gesprochenes Gebet. Das «Vaterunser» ist eines der wirkungsvollsten Gebete und überdies in unserem Kulturraum das am meisten verbreitete. Auch denjenigen Menschen, die sich als nicht religiös betrachten, ist dieses Gebet zumindest noch aus ihrer Kindheit oder Jugendzeit bekannt. Es hat eine unvermutet starke Wirkung und erreicht nahezu jede Seele. Ein Gebet hilft dem über die Schwelle Gegangenen, sein inneres Licht wieder zu erleben und sich der ihn umgebenden geistigen Wirklichkeit gewahr zu werden.

Es ist nicht zwingend notwendig, dass ein schockierendes Todesgeschehen den Verstorbenen so stark verwirrt, dass er den Hergang des Ereignisses nicht begreift. Manche Betroffene erleben sich als oberhalb des Geschehens schwebend, betrachten von oben ihren leblosen Leib und empfinden sich gleich als von ihm losgelöst. Sie nehmen wahr, dass sie eine andere Seinsdimension betreten haben, und orientieren sich recht schnell darin. Doch ein Gebet ist auch in diesen Fällen eine kostbare Hilfe. Es schenkt Seelenwärme und inneren Frieden und erleichtert diesen Verstorbenen den Schwellenübergang.

Ich fuhr auf einer Autobahn an einer dramatischen Unfallstelle vorbei. Mehrere Autos waren ineinander verkeilt, eines war umgestürzt, ein anderes lag weiter weg in einer Böschung. Polizei, Feuerwehr, Notarzt und mehrere Krankenwagen waren schon da, der Unfallort war bereits abgesperrt. Im Vorbeifahren konnte ich Sanitäter und Polizisten sehen, die das Geschehen zu regulieren versuchten. Andere Menschen standen in kleinen Grüppchen um die Fahrzeuge herum. Dann hatte ich die Unfallstelle schon passiert. An der nächsten Tankstelle hielt ich an und stieg aus meinem Auto aus. Ich konzentrierte mich innerlich auf den Unfallort, um wahrzunehmen, ob ein Schwerverletzter oder ein Verstorbener Hilfe benötigte. Ich sah geistig einige Meter oberhalb der Unfallstelle die Gestalt eines jungen Mannes schweben. Er schaute von oben auf das Geschehen und schien nicht ganz zu begreifen, was sich zugetragen hatte. Auf einmal vernahm ich einen warmen Strahl, der von unten zu ihm hin leuchtete. Dieser Strahl ging von einer älteren Frau aus, die neben dem Unfallgeschehen am Straßenrand stand und innerlich das «Vaterunser» sprach. Sie hatte den jungen Mann nicht geistig wahrgenommen gehabt, sondern lediglich seine bereits zugedeckte Leiche gesehen. Voller Herzenswärme sprach sie für den unbekannten Toten dieses Gebet, und das Gebet erreichte den jungen Mann unmittelbar. Er nahm diesen lichten Wärmestrahl wahr, seine Seele wurde wie befriedet, und er konnte den Blick von der Unfallstelle abwenden. Dann sah er mehrere Engel um sich, mit denen er sich in wenigen Augenblicken von dort entfernte.

Es ist also keinesfalls eine Voraussetzung, einen Verstorbenen geistig zu «sehen», um ihm Hilfe zukommen zu lassen. Allein schon das Wissen um solche Zusammenhänge und das direkte Handeln reichen aus, um hier etwas zu bewirken.

Doch nicht nur ein plötzliches und unerwartetes Todesgeschehen kann für den Betroffenen verwirrend sein. Auch ein eingeschränkter Bewusstseinszustand zum Zeitpunkt des Todes, wie das beispielsweise durch die Einwirkung von schmerzlindernden oder bewusstseinsdämpfenden Medikamenten der Fall ist, kann dazu führen, dass der Verstorbene seinen Schwellenübergang nur dämmerhaft wahrnimmt. Der Astralleib ist der Träger unseres Bewusstseins. Wenn dieser in seiner Wahrnehmungsfähigkeit oder Schmerzperzeption künstlich eingeschränkt wird, wird auch der Übergang in die geistige Welt in einem trüberen, unklareren Bewusstsein vollzogen. Dies kann für den sich exkarnierenden Menschen zunächst Verwunderung und Unverständnis auslösen.

Eines Nachts schrie unser damals vierjähriger Sohn auf und sagte, er würde sehr frieren. Ich sprang auf, um ihn zuzudecken. Es war eine laue Juninacht, die Raumtemperatur war nicht kalt. Aber mir fiel gleich auf, dass die Atmosphäre in der Wohnung etwas ungewohnt Frösteliges an sich hatte. Ich deckte das Kind zu, und als ich ins Schlafzimmer zurückging, stieß ich beinahe mit einer Gestalt zusammen. Es war die feine, durchscheinende Geistgestalt einer Frau. Ich blieb verwundert stehen und versuchte zu erspüren, wer das sei. Ich fühlte genauer hin und erkannte in ihr eine liebe Freundin. Sie hatte eine lange und sehr schwere Krankheitszeit durchlitten. Stets hatte sie die Einnahme von Schmerzmitteln abgelehnt, doch in der letzten Phase war dies nicht mehr vermeidbar gewesen. Nun tauchte sie auf einmal in unserer Wohnung auf, und mir war klar, dass sie in dieser Nacht über die Schwelle gegangen war. Ihre Gestalt schien ruhig und friedlich, sie war in ein stilles, mondenhaft-weißliches Licht gehüllt. Ihr Ätherleib wirkte extrem schmächtig und klein und erweckte den Eindruck einer tiefen Erschöpfung. Sie wirkte wie jemand, der sich gerade eben «ausgehaucht» hatte. Sie war erstaunt über ihren eigenen Zustand und über die Möglichkeit, sich unverhofft durch die Nacht zu ihr bekannten Menschen hinbegeben zu können. Sie schien wie in einem Traumzustand, war also nicht ganz bewusst wach und sprach auch nicht mit mir. Auf meine Worte reagierte sie nicht, wie es sonst wachbewusste Verstorbene tun, es war aber ein sehr schöner, stiller und inniger Begegnungsaugenblick. Sie schaute sich noch eine Weile um und schien begreifen zu wollen, was da eigentlich geschah. Dann entschwand sie wie ein leiser Windhauch aus unserer Wohnung. – Am nächsten Mittag erreichte mich der Anruf, dass sie in der Nacht verstorben war.

Hier konnte sich das Todesgeschehen nicht im gleichen sonnenhaften Aufwachelement vollziehen, wie das ohne die Medikamenteneinwirkung der Fall gewesen wäre. Das Bewusstsein dieser sterbenden Freundin war etwas herabgedämpft. Sie erkannte zwar, dass sie die Schwelle passiert hatte, doch das geschah zunächst wie in einem Traum. Somit hatte der Übergang hier einen eher mondenhaften Charakter.

Solche Fälle sind nicht gravierend, denn mit der Zeit klart sich das Bewusstsein des Verstorbenen auf, und er kann dann die Geistwelt, die ihn nun umgibt, wahrnehmen. Schwerwiegend sind jedoch Fälle, in denen der Verstorbene gar nicht realisiert, dass er gestorben ist. Dies kann durch starke bewusstseinsdämpfende Medikamenteneinnahme wie auch durch Drogen geschehen. Die betroffenen Menschen befinden sich in einem schlafenden oder schläfrigen Zustand und haben keinen Zugriff mehr auf ihr Bewusstsein. Somit bemerken sie im Augenblick des Todes gar nicht den vollzogenen Ebenenwechsel. Sie «verschlafen» also ihren eigenen Tod. Dies kann auch bei Menschen eintreten, die im schlummernden Zustand durch lange Zeiten hindurch schwerkrank oder bettlägerig gewesen sind und dabei den Bezug zu Raum und Zeit verloren haben. Manche von ihnen verharren im Nachtodlichen weiter in diesem Zustand des Dahinvegetierens und registrieren gar nicht, dass sie ihren Leib bereits verlassen haben. Solche Verstorbene findet man zum Beispiel sehr häufig in Alters- und in Pflegeheimen. Sie sind energetisch in ihren ehemaligen Zimmern wahrnehmbar, wo sie Monate bis Jahre in diesem Zwischenzustand bleiben können.

In solchen Situationen ist es überaus wichtig, dass die Angehörigen und Hinterbliebenen dem Verstorbenen unmittelbar nach seinem Tod *sagen*, dass er die physische Welt verlassen hat. Dies kann in einem ruhigen und klaren inneren Zwiegespräch stattfinden: *Du bist jetzt gestorben. Du kannst von deinem Leib loslassen und dich frei fühlen, ohne Schmerzen und ohne körperliche Einschränkung. Schau dich um und du wirst andere, geistige Gestalten wahrnehmen …*

Generell kann man immer, wenn man den Eindruck hat, dass der über die Schwelle Gegangene desorientiert, verwirrt oder verunsichert sein könnte, Hilfestellung leisten. Entscheidend ist, ihm deutlich zu Bewusstsein zu bringen, dass er sich nicht mehr in der irdischen Welt befindet und dass er sich in seiner neuen ätherischen Umgebung neu orientieren muss. Man kann seine Aufmerksamkeit auf das geistige Geschehen richten und ihm begreifbar machen, dass er durch seinen Schutzengel oder durch die ihn empfangenden Verstorbenen Hilfe und Orientierung erhalten kann. Ausschlaggebend dabei ist, dass der Betroffene nun einen *eigenen* Impuls erlebt, sich von der Erde zu lösen und sich der geistigen Welt zuzuwenden.

Der Augenblick des Todes gestaltet sich also immer individuell und ist vom eigenen Erkennen und Erleben geprägt. Das eigene Bewusstsein bestimmt die Wahrnehmung des Eintritts in die ätherisch-geistige Welt. Ebenfalls vom eigenen Bewusstsein und von der persönlichen Seelenverfassung hängt es ab, ob und welche geistigen Wesenheiten der Verstorbene um sich herum erkennt. Ein lichter, klarer, vertrauensvoller Schwellenübergang ermöglicht das Wiedererkennen der geistigen Heimat und die Wiederbegegnung mit den engsten Schicksalsfreunden: dem eigenen Schutzengel und den nahen Verstorbenen. Ein unbewusster, verängstigter oder verdunkelter Seelenzustand kann dagegen viel schwieriger die Wahrnehmung lichter Wesenheiten möglich machen. Von daher können hier auch dunkle oder dämonische Geistgestalten erlebt werden, da sie Teil des eigenen Seelenerlebens sind. – All dies bildet die subjektive Komponente des Todesgeschehens.

Die objektive Komponente des Todesmomentes ist, dass ausnahmslos jeder Verstorbene licht- und liebevoll von den ihm nahen Geistwesen empfangen und aufgenommen wird. Die geistige Welt heißt ihre Heimkehrer stets willkommen.

Die Zeit in der Ätherwelt

> Den Schmerz bezwinge, der um Formen trauert,
> gedenke dessen, was ewig dauert.
> Der Glockengießer, der sein Werk vollbringt,
> zerstört die Form – und seine Glocke klingt.
> So auch zerstört mit seinem Schwingenschlag
> der Tod die Form,
> auf dass die Seele tönen mag.
>
> *Manfred Kyber: «Befreiung»*

In den ersten Tagen nach dem physischen Tod lebt der exkarnierte Mensch weiter in seinem Ätherleib und kann darin recht leicht wahrgenommen werden. Als ätherische Erscheinung ähnelt er noch sehr stark seiner gewesenen physischen Gestalt. Auch zeigt er sich vor dem inneren Auge so, als ob er die ihm entsprechende irdische Kleidung tragen würde. Diese Merkmale sind ein deutlicher Hinweis auf sein erdennahes Dasein in der Ätherwelt. Sobald der Verstorbene in weitere Sphären eintritt, verändert sich seine geistige Erscheinung für unsere Wahrnehmung.

Der Ätherleib ist der Träger von Erinnerungen, Gedanken, Lebensprozessen und Gewohnheiten. Wenn er sich aus seiner Bindung an den physischen Leib löst, werden sämtliche dem Ätherleib eingeschriebenen Erinnerungen, Erlebnisse und Erfahrungen der soeben vergangenen Inkarnation frei. All diese lebendigen, schnell ablaufenden Bilder seines Lebens umgeben den Verstorbenen wie ein beseelter Film und offenbaren ihm die Gesamtheit seines Lebens. Die Ereignisse seines irdischen Seins, bis in die früheste Kindheit zurückgehende Episoden, seine bewussten und unbewussten Taten, auch vergessene Begebenheiten und übersehene Geschehnisse erscheinen nun in dieser Bildfolge. Das Bewusstsein in der ätherischen Welt ist insofern ausgedehnt, als der Mensch in jeder dieser Lebensszenen selbst erlebend anwesend ist; gleichzeitig erschaut er diese Erlebnisse aus dem Blickwinkel eines objektiven Betrachters.

Diese Lebensrückschau wird auch sehr häufig in Nahtoderfahrungen beschrieben. Bereits im Nahtodzustand hat sich der Ätherleib weitgehend aus dem physischen Leib gelockert, wenn auch noch nicht unumkehrbar. Einer der Interviewpartner meiner Nahtodstudie beschrieb diesen Vorgang folgendermaßen:

«Gleichzeitig war eine Flut von Licht da, ich möchte nicht sagen, das kam von irgendwoher, ja, es war einfach Licht da, als ob es so floss durch den ganzen Raum. Und verbunden damit war ein Gefühl von Wirklichkeit, wie ich es zuvor noch nie erlebt habe. Und es war auch das Gefühl, als würde ich zum ersten Mal in meinem Leben wirklich sehen, als ob ich all das, was ich davor für Sehen oder Wahrnehmen gehalten habe, diesen Namen eigentlich gar nicht verdient. Das merkte ich in diesem Augenblick … so … ja, ein wirkliches Gefühl von Wirklichkeit und ich war Teil der Wirklichkeit. Und … ich sah dann, und alles zur gleichen Zeit, mein gesamtes Leben. Es war alles da, es fehlte nichts, es war … jedes Detail war da und es war alles gleichzeitig. Und in dem Augenblick erkannte ich, es war alles in Ordnung gewesen, es hat alles gestimmt, und in diesem Fall, in diesem Augenblick setzte auch eine unbeschreibliche Freude ein, so über dieses schöne Leben. Und gleichzeitig war ein Gefühl von tiefer Traurigkeit und Bedauern über die vielen vergeblichen, gar nicht notwendigen Mühen, mit denen ich mich und andere Menschen gequält hatte, um Dinge in Ordnung zu

bringen, in Unkenntnis, dass sie längst in Ordnung waren. Und in dem Augenblick war mir auch klar, dass Zeit ein Begriff ist, der vielleicht innerhalb eines ganz kleinen Bezugsrahmens eine Gültigkeit hat. Aber darüber hinaus gibt es diese Gültigkeit nicht. Ich glaube, wir haben die Wahl, uns innerhalb der Zeit oder außerhalb der Zeit, das heißt in der Gegenwart, uns aufzuhalten. So dieses Gefühl von Zeitlosigkeit oder von Augenblicklichkeit oder von Gegenwärtigkeit. (…) All das kam aus diesem Blick zurück auf das Leben, es war wirklich ein Blick zurück, denn das, was ich sah, war nicht vor mir, sondern es war hinter mir, diese Lebenslandschaft. Es war hinter mir und trotzdem sah ich es, als ob es vor mir wäre.»

Ein anderer Interviewpartner hatte während eines Herzinfarktes eine Nahtoderfahrung. Seinen dabei erlebten Lebensrückblick beschrieb er sehr detailliert:

«Das war so, dass es da begann, wo ich den Schweißausbruch hatte (damit ist sein Herzinfarkt gemeint), *und dann ging es rückwärts, jedes Ereignis, was ich hatte, zurück bis da, wo ich auf die Welt kam. Ich war ja eine Sturzgeburt, das wusste ich ja von meiner Mutter, aber das konnte ich mir nicht vorstellen, was das ist, eine ‹Sturzgeburt›. Und da konnte ich sehen, wie meine Mutter so gestützt dasaß, und mein Vater war vor dem Bett gekniet, er hat praktisch schon auf mich gewartet. Ich konnte ihn sehen, wie er mit offenen Armen praktisch schon dasaß. Und dann in Sekundenschnelle war ich da, ich sehe, wie mein Vater mich empfangen hat in seine Arme.»*

Er gibt weitere Einzelheiten seiner Lebensrückschau wieder, hier nur ein kurzer Ausschnitt daraus:

«Ich sah dann die Bilder von meinem Leben. Und wenn es eine gute Tat, ein gutes Bild war, sah das Ganze hell aus, wenn die Absicht nicht gut war, war es eine dunkle Einbuchtung,

verstehen Sie? Ich sah da, wie ich als junger Bursche mit den Mädchen herumgemacht habe, verzeihen Sie, Sie wissen, was ich meine, oder? Ich meine, das war nichts Böses, aber so als junger Bursche, da spielt man gerne mit den Mädchen und man verspricht so Sachen, die man nicht eingehalten hat, nur weil man ja etwas von ihnen bekommen will. Sie verstehen, was ich da meine, nicht wahr? Das muss ich Ihnen ja nicht erklären, Sie wissen, so die jungen Burschen machen das halt manchmal, wenn sie etwas von den Mädchen wollen und das habe ich damals auch gemacht. Aber das war nicht wirklich schlimm oder böse, manchmal war es ja nur eine Absicht, also man hat nicht immer etwas wirklich gemacht, aber das habe ich dann dunkel gesehen, das war ein dunkles Bild.»

«Sie meinen, dass Ihnen nicht nur die negativen Taten, sondern auch die negativen, zweifelhaften Absichten als dunkel erschienen sind?»

«Ja, genau, die Absichten auch.»

Der zusammengeraffte Eindruck des eigenen Lebens, den man als Zuschauer und zugleich als Agierender erlebt und durch den man unmittelbar die Bedeutung der eigenen Taten und Absichten wahrnimmt, ist für jeden, der diese Erfahrung macht, eine bestürzend tiefe Einsicht in das eigene Leben. Der Verstorbene sieht sich hier mit allen Facetten seines gewesenen Lebens in einer Weise konfrontiert, in der nichts beschönigt oder verfälscht ist. Alle Selbsttäuschung und Verschleierung, alle Maskierungen und Unaufrichtigkeiten fallen ab, ohne Wenn und Aber. Die Unterscheidung zwischen «gut» und «schlecht» vollzieht sich nicht infolge eines von außen gegebenen Urteils, der Erlebende selbst bewertet die Ereignisse seines Lebens. Das Schöne und Gute wird als lichtvolle Freude erlebt, das Ungute wird als drückende, beschämende oder erschreckende Bürde empfunden.

Für unser Vorstellungsvermögen ist es schwer verständlich, wie eine lebensumfassende Abfolge von Bildern und Erlebnissen, also ein zeitlich dynamischer und überaus komplexer Verlauf, als fast gleichzeitiges Erscheinen wahrgenommen werden kann, zudem noch in dieser detaillierten Weise. Auch ist es für unsere gewöhnliche Erlebniswelt kaum nachvollziehbar, Erlebender und gleichzeitig Zuschauer zu sein. Die physische Welt ist die Welt des Getrenntseins, von daher ist die Tatsache, dass die Verstorbenen parallel zum Erleben ihres Rückblickes ihre Hinterbliebenen wahrnehmen können, ein weiterer Aspekt, der unser physisches Eingebundensein in Zeit und Raum durchbricht.

Ein im komatösen Zustand sich befindender junger Mann, der innerlich dabei war zu entscheiden, ob er in der Geisteswelt bleiben oder doch wieder auf die Erde zurückkehren würde, beschrieb seine Wahrnehmungen in der Ätherwelt folgendermaßen:

«Noch etwas anderes konnte ich wahrnehmen in dieser Zeit. Mit Erstaunen konnte ich spüren, wahrnehmen, wie viele Menschen in dieser Zeit an mich gedacht haben. Ich habe gespürt, dass meine ganze Familie für mich gebetet hat, und diese Liebe, diese Gedanken, die an mich gerichtet waren, die habe ich so empfunden, dass sie mir behilflich waren. (...) Diese Liebe wirkte wie Wellen, wie Vibrationen, wie Schwingungen, das tat mir gut. Sie hatten auf jeden Fall eine ... ja, heilende Wirkung für meinen Zustand. Auch Menschen, von denen ich es überhaupt nicht gedacht hatte, also junge Menschen, da konnte ich auch wahrnehmen, dass sie für mich eine Kerze in der Kirche angezündet haben oder so. Auch Menschen, von denen ich es gar nicht erwartet hätte, zum Beispiel jemand, über den ich davor negativ gedacht hatte, also so: ‹Ja, so eine dumme

Schnepfe›, so, auch solche Menschen haben in dieser Zeit an mich gedacht. Und das habe ich gespürt und das hat mir sehr, sehr gut getan für meinen Zustand.»

Der in der Ätherwelt lebende Mensch kann also nicht nur Einblicke in die Ebene der unmittelbaren physischen Wirklichkeit haben, er kann bis in die Gedanken- und Gefühlsebene der Hinterbliebenen hinein wahrnehmen. Er fühlt die Trauer der Familie und der Freunde, er spürt ihre guten Gedanken und Gebete, die ihm Licht und Wärme schenken. Genauso nimmt er auch ihre negativen Gedanken wahr, die ihn betrüben und belasten. Die Verbundenheit mit denjenigen, die ihm innerlich nahestanden, ist noch sehr stark. Somit tragen wir Erdenmenschen Verantwortung für all das, was wir dem Verstorbenen in dieser Zeit entgegenbringen.

Es geschieht auch weit häufiger als angenommen, dass ein Verstorbener in den ersten Tagen nach dem Schwellenübergang seinen Angehörigen oder Freunden «erscheint». Diese Präsenz kann sich spontan und unerwartet einstellen, in ganz alltäglichen Situationen. Dabei entsteht das intensive Empfinden einer Anwesenheit im Raum, die Ausstrahlung des Verstorbenen wird unmittelbar wahrnehmbar. Meist sind solche Erlebnisse mit einem Empfinden von Frieden, von innerer Wärme und Liebe verbunden. Für viele Menschen stellt sich dabei die Gewissheit ein, dass der Verstorbene nach dem Tod in einer anderen Weise oder Dimension weiterlebt. Andere wiederum schrecken vor solchen Wahrnehmungen zurück oder lassen sie erst gar nicht zu, denn sie entsprechen nicht ihren eigenen Vorstellungen über den Tod. Eine ablehnende Haltung der Hinterbliebenen ist schmerzhaft für den Verstorbenen, denn er möchte manchmal noch etwas mitteilen oder noch eine Bitte zum Ausdruck bringen. Hierzu ein Beispiel:

In der Klinik betreute ich für kurze Zeit eine junge Patientin, kaum Mitte dreißig, die schwer lungenkrank war. Sie war verheiratet und Mutter einer vierjährigen Tochter. Sie konnte schon nicht mehr das Bett verlassen, das Atmen ging nur noch mithilfe eines Sauerstoffgerätes, das Sprechen bedeutete schon eine sehr große Anstrengung für sie. Medizinisch gesehen war eine Lungentransplantation ihre letzte Chance. Sie stand auf der Transplantationsliste, wartete, hoffte und bangte. Ihr Zustand verschlechterte sich zunehmend, und sie wusste, dass ihr Leben an einem seidenen Faden hing. An manchen Tagen dachte sie über das Sterben nach, an anderen hatte sie große Angst davor und wollte ihr Töchterchen nicht zurücklassen.

Bei unserem letzten therapeutischen Gespräch berichtete sie mir von einem Traum, den sie in der Nacht zuvor gehabt hatte: Sie saß schaukelnd auf einer schönen, großen Baumschaukel. Auf einem majestätischen, grünen Ast hinter ihr stand ihr Engel und machte ihr Mut, immer höher und höher zu schaukeln. – Sie fragte mich, was der Traum bedeuten würde. Ich ahnte es, doch wollte ich ihr keine vorgefertigte Antwort geben. Ich versuchte, einen Gesprächsraum für sie zu schaffen, in dem sie selbst mit den Bildern und Empfindungen des Traums umgehen konnte. Sie hatte Angst, dass der Traum ihren Tod voraussagen könnte; dann versuchte sie, ihn eher als Ausdruck ihrer Genesung umzudeuten. Es war deutlich zu spüren, dass sie innerlich haderte und noch nicht bereit war zu sterben. Ich schloss unser Gespräch ab mit den Worten:

«So oder so, Sie können auf jeden Fall darauf vertrauen, dass Ihr Engel bei Ihnen ist. Und er macht Ihnen Mut.»

«Mut ja, aber wozu?», fragte sie nachdenklich.

«Das wird sich sicherlich bald zeigen, haben Sie Vertrauen.»

Danach sah ich sie nicht mehr, sie wurde in eine andere Klinik verlegt. Ungefähr zehn Tage später verstarb sie, bevor es zur erhofften Lungentransplantation kommen konnte.

Nach ihrem Tod erschien mir diese Patientin völlig überraschend als ätherische Geistgestalt. Sie wirkte still, schwächlich und betrübt, das Licht ihrer Erscheinung war ein wenig matt. Ich fragte sie, was ich für sie tun könnte. Zunächst antwortete sie mir nicht. Ich fragte sie erneut und wartete geduldig. Und dann sagte sie ganz zaghaft:

«Niemand zündet ein Licht für mich an, niemand.»

«Meinen Sie eine Kerze? Ihre Familie zündet keine Kerze für Sie an? Auch Ihre Eltern nicht?»

«Nein, sie glauben nicht daran, dass es mich noch gibt. Ich stehe daneben und sie sehen mich alle nicht, sie schauen nie hin.»

«Und Ihr Mann?»

«Er weiß nicht damit umzugehen. Er verdrängt es. Alle kümmern sich um die Kleine und versuchen zu verdrängen. Alle blicken von mir weg. Sie haben Angst, an mich zu denken, mich zu sehen.»

«Es fehlt Ihnen also nicht nur das Licht einer Kerze. Sie meinen, das Herzenslicht Ihrer Familie fehlt Ihnen.»

«Ja, auch.»

«Wenn ich kann, helfe ich Ihnen gerne. Was brauchen Sie? Was kann ich tun?»

«Könnten Sie einfach eine Kerze für mich anzünden? Das würde reichen.»

Ich versprach ihr, dies so lange zu tun, wie sie es bräuchte. Ab da zündete ich jeden Abend eine Kerze für sie an und sprach dabei ein Gebet. Nach ungefähr zwei Monaten erschien sie wieder, für mich erneut sehr überraschend, doch dieses Mal wirkte sie nicht mehr so tief bedrückt. Sie bedankte sich in ihrer leisen Art und sagte, das habe ihr geholfen. Sie brauche das Kerzenlicht nun nicht mehr, sie könne ab jetzt selbst weiter ins Licht gehen. So nahmen wir Abschied voneinander und sie verließ die Ätherwelt.

Die erste Zeit nach dem Tod ist also eine Zeit des Rückblicks auf das eigene Leben, ein Loslassen und Abschiednehmen vom eigenen Irdischen, von geliebten Menschen und Orten. Manche Verstorbene empfinden sich von Beginn an ganz befreit, sie erleben Harmonie und Licht. Andere wiederum benötigen noch etwas Fürsorge, Begleitung und Hilfe seitens der Hinterbliebenen. Ganz unabhängig davon, Herzenswärme und aufrichtige Zuneigung, liebevolle und lichte Gedanken wirken für jeden Ätherverstorbenen hilfreich und kraftspendend.

Bei der eigenen Beerdigung

O traure nicht!
Und bist du nicht bei mir – :
Ein Licht sind wir
und ist von mir zu dir.

Christian Morgenstern:
«O traure nicht!»

In der Zeit, in der der Verstorbene sich noch in der ätherischen Welt aufhält, findet auf der irdischen Ebene auch seine Beerdigung statt. In früheren Zeiten haben im europäischen Kulturkreis die Beerdigungen immer drei Tage nach dem Tod stattgefunden. In diesem Brauch war das alte Mysterienwissen eingeflossen, dass der Ätherleib sich drei Tage nach dem physischen Tod noch in einer starken Dichtigkeit aufrechterhält. Danach weitet er sich in die Ätherwelt aus, und der Verstorbene begibt sich weiter in die Seelen- und dann in die Geistwelt. Die Beerdigung war also nicht nur ein Abschied vom Leichnam, vom irdischen Teil des Verstorbenen, sondern auch von seinem Ätherleib. Die beiden unteren Wesensglieder, physischer und ätherischer Leib, hatten gemeinsam den Rahmen der irdischen Inkarnation gebildet. Nun lösen sich beide voneinander los, und die oberen Wesensglieder, Astralleib und Ich, werden in die seelisch-geistige Heimat entlassen.

Der Volksmund zeigt bis heute noch Spuren dieses alten Wissens auf. Ausdrücke wie beispielsweise «das letzte Geleit geben» versinnbildlichen die Geste, dass die Hinterbliebenen den Verstorbenen bis an die Grenze dessen geleiten, was seine irdische Inkarnation ausgemacht hat. Die Beerdigung ist demnach die Abschiedszeremonie vom physisch-ätherischen Menschen. Dahinter leuchtet die ewige seelisch-geistige Welt, in der der exkarnierte Mensch Seele unter Seelen und später Geist unter Geistern wird.

In unserer Zeit finden Beerdigungen nicht mehr zwangsläufig drei Tage nach dem Tod eines Menschen statt, sondern meist etwas später. Äußere, organisatorische Faktoren werden vordergründig berücksichtigt und weniger der geistige Weg des Verstorbenen. Das muss jedoch nicht weiter dramatisch sein, da sich auch die zeitlichen Abläufe für die Verstorbenen sehr stark individualisiert haben. Bei vielen ist wahrzunehmen, dass die Loslösung und Ausdehnung ihres Ätherleibes sich in der Tat auch erst etwas später vollzieht.

So merkwürdig sich das anhören mag, aber die Verstorbenen nehmen immer an ihrer Beerdigung teil. Die Anwesenheit der Trauergemeinschaft ist ein starker Fokus für sie, sie nehmen die Empfindungen und die Seelenregungen der Hinterbliebenen wahr und erleben intensiv den Kultus der Totenhandlung mit. Durch die Schilderung ihrer Biografie, die entweder von einem Pfarrer oder einem Angehörigen dargestellt wird, erfassen sie ihren gewesenen Schicksalsweg noch einmal in komprimierter Form und können gleichzeitig wie durch die Augen der anderen darauf schauen. Es stellt sich ihnen – nicht nur symbolisch – der rote Faden und die Essenz ihres irdischen Daseins dar. Der Bezug der Verstorbenen zu diesem Geschehen ist individuell sehr unterschiedlich.

Eines Tages war ich auf der Beerdigung einer ehemaligen Arbeitskollegin. Die Dame hatte bis zu ihrem siebzigsten Lebensjahr gearbeitet, sie war ein sehr heiterer, humorvoller und auffallend positiver Mensch. Physisch war sie sehr beleibt, sie genoss laut schlürfend jeden Schluck Kaffee, jedes Stückchen Kuchen wurde regelrecht zelebriert. Es war ein Schauspiel, ihr dabei zuzusehen. Seelisch war sie ein mütterlich-herzlicher Typ, mitleidsfähig und hilfsbereit, empathisch und lösungsorientiert. Ihr Geistiges war offen und empfänglich für alles Christlich-Spirituelle. Über den Tod sprach sie häufig wie über einen guten Freund, sie blickte neugierig und ohne Angst auf das Altwerden und auf die Schwelle, die ihr nun – altersgemäß – immer näher entgegenkam. Ich mochte sie sehr gerne und hatte auch nach ihrer Berentung noch sporadisch Kontakt zu ihr. Nach einigen Jahren verschlechterte sich ihr gesundheitlicher Zustand, nach zwei Schlaganfällen wurde sie bettlägerig. Doch auch in diesem geschwächten Zustand klangen noch ihre Positivität und ihr Optimismus durch alles physische Leiden hindurch.

Sie starb, und ich ging zu ihrer Beerdigung. Diese hatte sie schon Monate zuvor gemeinsam mit ihren Kindern minutiös durchdacht. Für den Pfarrer hatte sie noch selbst ihren Lebenslauf aufgeschrieben, die Musik, die gespielt werden sollte, hatte sie ausgesucht, und auch die Menschen, die sie dabeihaben wollte, hatte sie genannt. In der Friedhofskapelle angekommen, nahm ich in den hinteren Reihen Platz. Der Raum war voll, ihre Kinder und Enkelkinder saßen vorne, es war eine große Familie. Viele ihrer Bekannten und Freunde waren anwesend, und es war tief beeindruckend zu erkennen, dass all diese Menschen in aufrichtiger Liebe und Freundschaft mit der Verstorbenen verbunden waren. Es ist keine Selbstverständlichkeit, eine solche Lebensspur zu hinterlassen. Die Stimmung im Raum war sehr ergreifend. Ich versuchte zu erspüren, ob die Verstorbene anwesend war, konnte aber zunächst nichts wahrnehmen. Dann begann die Musik zu erklingen und allen war bewusst, dass diese Orchestersuite von Bach ihr Lieblingsstück gewesen war. Die Töne erfüllten den Raum, der regelrecht zu vibrieren anfing, und fast alle Anwesenden begannen zu weinen. Ich versuchte mit aller Kraft, meine Tränen zu unterdrücken, was mir allerdings kaum gelang. Und auf einmal hörte ich ganz nah bei mir die Stimme der Verstorbenen, in ihrer ganz vertrauten, herzlichen Art: *«Schätzchen, das ist lieb, dass ihr meinen Lieblings-Bach spielt, aber ihr müsst doch nicht alle deswegen flennen! Ich bin doch da! Schätzchen, hör du doch wenigstens auf!»*

Ich war so verblüfft von dieser unerwarteten, fast humoristischen Einlage, dass ich unwillkürlich lachen musste. Das war wirklich sie, mit dem ganz typischen Wortlaut, mit ihrem Humor und ihrer Spontaneität. Ich konnte die Verstorbene noch nicht sehen, aber ich spürte ihre Präsenz, die sich durch die Reihen der Anwesenden bewegte. Nach einer Weile, als die Musik schon verklungen war, erschien sie auf einmal vorne, hinter dem Pfarrer. Sie erfüllte von dort aus den Raum mit Liebe, und ihr Wesen schickte zu jedem der Anwesenden Lichtstrahlen hin. Die Stimmung war schön und würdevoll. Doch als der Pfarrer begann, ihren bewegten Lebenslauf vorzulesen, und die Menschen erneut sehr ergriffen und den Tränen nahe waren, hörte ich sie wieder sprechen: *«Herr Pfarrer, schön, wie Sie das vorlesen, aber betonen Sie nicht alles so sehr. Die Leute fangen gleich wieder an zu weinen, das muss doch nicht sein. Wenn ich es gewusst hätte, wie rührselig heute alle drauf sind, hätte ich das weniger bedeutungsschwanger geschrieben.»* Auch hier blitzte wieder die ihr ganz eigene Ironie und Leichtigkeit auf. Ihr inneres Wesen strahlte nach dem Tod genau das aus, was sie ein Leben lang ausgezeichnet hatte: Mitgefühl und Empathie, Verständnis für den anderen und Positivität in jeder Lebenslage.

Eine ganz andere Beerdigung: Ein junger Mann, früherer Schulfreund, der im Alter von siebenunddreißig Jahren in den

Bergen bei einem Kletterunfall tödlich verunglückte. Er hinterließ seine junge Ehefrau, seinen kleinen dreijährigen Sohn und seine alleinstehende Mutter, zu der er eine sehr innige Bindung gehabt hatte. Sein Tod war für alle unbegreiflich und traf seine Familie und sein Umfeld mit einer ungeheuren Wucht. Er hatte eine sehr sanfte und ausgleichende Wesensnatur gehabt und wurde von allen Menschen geschätzt und geliebt. So waren nun auf seiner Beerdigung, neben der Familie, seine früheren Schul- und Studienkameraden, seine Geschäfts- und Orchesterkollegen, Hunderte von jungen Menschen, die es nicht fassen konnten, dass ausgerechnet er mitten aus dem Leben herausgerissen worden war. Der Schmerz in der Friedhofskapelle war über den gesamten Raum ausgebreitet, man merkte allen Anwesenden den Schock dieses so unerwarteten Verlustes an. Und über allem schwebte die Frage nach dem Warum: Warum gerade er? Und warum jetzt, mitten im Leben stehend, beruflich erfolgreich, privat inmitten eines schönen, großen sozialen Umfeldes, mit einem kleinen Kind, welches nun ohne den Vater aufwachsen musste?

Die Trauerzeremonie begann, ich versuchte mich eher auf das geistige Geschehen einzustimmen, und mit der Zeit konnte ich den jungen Verstorbenen immer deutlicher wahrnehmen. Er schwebte über die Menschenmenge, war über den gesamten Raum ausgebreitet und strahlte einen tiefen Frieden aus. Er selbst schien sehr gelöst und unbeschwert zu sein. Das äußere Geschehen interessierte ihn nicht besonders, er versuchte nur den Schmerz der Anwesenden durch seine Liebe zu lindern. Ich begrüßte ihn innerlich und sprach ihn an:

«Du Lieber, warum bist du gestorben? Warum gerade jetzt?»

Er antwortete sehr heiter:

«Das war genug für mich. Ich wollte in diesem Leben nicht mehr erreichen. Ich hatte mir für dieses Mal nicht mehr vor-

genommen, es war alles da, was ich mir vor meiner Geburt vorgenommen hatte. Es ist doch ein erfülltes, volles Leben gewesen! Das, was noch weiter gekommen wäre, wäre jetzt nicht mehr von Bedeutung gewesen.»

«Aber dein Sohn, er ist noch so klein, er wächst jetzt ohne dich auf.»

«Nein, ich bin auch weiter bei ihm. Nur in einer anderen Form. Ich werde ihn immer begleiten. Und ... es war zwischen uns beiden so ausgemacht: Bevor er auf die Erde kam, wusste er es schon, dass wir uns hier nur kurz begegnen werden. Das hatten wir beide schon viel früher ausgemacht. Und er war damit einverstanden. Für das, was er dieses Mal in seinem Leben braucht, reicht das. – Ich bin nicht weg, ich werde immer nach ihm schauen.»

«Für deine Mutter, für deine Frau ist der Verlust doch auch sehr groß.»

«Ihr Weg geht weiter, es hat für beide seinen Sinn. Jetzt ist der Schmerz, der das so erscheinen lässt, aber wenn man das Ganze betrachtet, ist es richtig. Für mich ist es stimmig so.»

«Und warum bist du gerade auf diese Weise gestorben? In den Bergen? Durch einen Absturz?»

«Es war eigentlich ein sehr schöner Tod. Als ich abstürzte, war ich schon frei und flog, ich war schon befreit. Ich habe nichts gespürt, nur dass ich fliege und schwebe. Ich schwebte über die Welt, es war sehr schön. Und der Berg ... ja, für den Berg hat es auch eine Bedeutung. Es sind Lebenskräfte von mir dort geblieben, die ihm zukommen.»

«Und jetzt? Wie geht es weiter? Brauchst du etwas von uns? Kann ich etwas für dich tun?»

«Nein, mir geht es gut, ich bin so frei und kann hier weitergehen. Das nächste Mal komme ich mit mehr Kraft, ich nehme aus diesem Leben freie Kräfte mit fürs nächste Mal.»

So verabschiedeten wir uns. Währenddessen ging die Trauerzeremonie weiter. Sein kleiner Sohn, der bis dahin im Kinderwagen geschlafen hatte, wurde mittendrin wach. Er schaute um sich und sah verwundert die vielen Menschen in diesem unbekannten Raum. Auf einmal schien etwas an der Decke seine Aufmerksamkeit auf sich gezogen zu haben, er blickte nach oben und fing an zu strahlen. Und er strahlte über das ganze Gesichtchen, gluckste und freute sich. Die Leute um ihn schüttelten voller Mitleid den Kopf und flüsterten: «*Schau mal, der arme Kleine, er kann gar nicht begreifen, was hier passiert. Er weiß gar nicht, dass sein Papa gestorben ist.*» Ich schloss die Augen und sah, dass das Bübchen genau in diesen Augenblicken den Vater geistig wahrnehmen konnte, der über den ganzen Raum schwebte. Er freute sich über die Maßen darüber, sie tauschten sich gegenseitig aus, und ihre Herzen waren liebevoll miteinander verbunden. Natürlich konnte das Kind nicht begreifen, dass es sich auf der Beerdigung seines Vaters befand. Aber es konnte ihn geistig erleben. Kinder können häufig Engel, Verstorbene und Elementarwesen wahrnehmen. So waren sich hier Vater und Sohn innig nah, obwohl sich der eine auf dieser Seite und der andere bereits auf der anderen Seite der Schwelle befand.

Mit der Anwesenheit des Verstorbenen kann also immer auf seiner Beerdigung gerechnet werden. Allerdings geschieht dies in sehr unterschiedlicher Intensität und Stimmung. Manche Verstorbene breiten sich lichtvoll über die gesamte Trauergesellschaft aus, wie hier zuletzt geschildert, und umhüllen das Geschehen und die Anwesenden mit Wärme und Liebe. Andere hören sehr genau zu, was gesprochen wird, nehmen die Darstellungen ihrer Biografie sowie die inneren Regungen der Teilnehmenden sehr detailliert wahr und verinnerlichen intensiv all diese Erlebnisse. Einige bringen eine Portion Humor mit und sind bestrebt, die Trauerstimmung heiterer zu stimmen. Wiederum anderen wird angesichts der Trauergemeinschaft bewusst, dass sie ungelöste Verhältnisse oder familiäre Belastungen hinterlassen haben, sie sind unruhig und bedrückt. Es gibt auch Verstorbene, die nicht realisiert haben, dass sie verstorben sind, und somit auch nicht verstehen, dass sie nun der eigenen Beerdigung beiwohnen. Sie sind verblüfft über das, was da geschieht, und begreifen nicht, warum ständig über sie gesprochen wird, sie selbst aber von den Menschen gar nicht wahrgenommen werden. Manche motzen sogar über die Rede des Pfarrers herum, pikieren sich über Aussagen einzelner Angehöriger oder über die Anwesenheit mancher Trauergäste.

Die sehr widersprüchlichen und teilweise auch verblüffenden Erfahrungen, die man dabei machen kann, spiegeln sowohl die charakteristischsten Wesenszüge des jeweiligen Verstorbenen wider als auch seinen aktuellen inneren Zustand. Ein Mensch wird nach seinem Tod nicht über Nacht zu einem anderen Menschen. Seine Charaktereigenschaften, Gedanken und Empfindungen entsprechen noch sehr stark seinem vorherigen Zustand. Die Seele lebt weiter und mit ihr alles, was sie ausgemacht hat. Ein liebefähiger, mitfühlender, herzensoffener Mensch trägt seine Wesenszüge auch nach seinem Tod weiter. Genauso behält ein misstrauischer, unzufriedener und negativ denkender Mensch noch viele dieser Eigenschaften und Stimmungen in der ersten Zeit nach seinem Tod bei. Auch wenn er nun vielleicht manches in größeren Zusammenhängen erkennt oder gar bedauert, so ist er nicht sogleich ein verwandelter Mensch.

Die Zeit in der Ätherwelt ist eigentlich nur ein Zwischenschritt von der irdischen in die Seelenwelt. Vielen Verstorbenen gelingt dieser Übergang in einer schnellen und wunderbar schönen Weise. Für viele andere bedeutet die Ätherwelt bewusstseinsmäßig jedoch einen noch sehr erdennahen Zustand, den sie nicht so schnell verlassen können. Es fällt ihnen schwer, sich von ihren Eigenschaften und Vorstellungen zu lösen und ihre Aufmerksamkeit von der Erdenwelt auf die Geisteswelt zu lenken.

Gefangen zwischen den Welten

All, was du hältst, davon bist du gehalten,
Und wo du herrschest, bist du auch der Knecht.
Es sieht Genuss sich vom Bedarf gespalten,
Und eine Pflicht knüpft sich an jedes Recht.

Nur was du abweist, kann dir wieder kommen.
Was du verschmähst, naht ewig schmeichelnd sich,
Und in dem Abschied, vom Besitz genommen,
Erhältst du dir das einzig deine: Dich!

Franz Grillparzer: «Entsagung»

Die Entwicklung des Menschen individualisiert sich zunehmend, und zwar in allen Lebensbereichen. In der gleichen Weise, wie sich die irdischen Biografien immer stärker von traditionellen und familiären Zusammenhängen emanzipieren und ganz eigenständige Formen und Verläufe annehmen, sind auch die Verläufe des nachtodlichen Werdegangs immer individualisierter geworden und zeigen zahlreiche Abweichungen von den bisher bekannten regulären Rhythmen. Nicht nur die irdische, sondern auch die nachtodliche Entwicklung des Menschen ist weit stärker in seine persönliche Freiheit übergegangen. Somit trägt er nun selbst die Verantwortung für sein Vorankommen in den geistigen Sphären.

In früheren Zeiten waren maßgeblich die Engel mit der Aufgabe vertraut, das Fortschreiten der Toten zu leiten. Bildlich gesprochen könnte man sagen, dass die Schutzengel die Verstorbenen nach ihrem physischen Tod mitnahmen und sie schrittweise durch die ätherischen, astralischen und geistigen Welten hindurchführten. Natürlich machten die Verstorbenen individuelle, also sie selbst betreffende Erfahrungen durch. Doch sie nahmen den Schutzengel unmittelbarer als geistigen Führer wahr und lebten viel stärker in dieser Geste des Umhüllt- und Geführtwerdens durch ihn. Der Gang ihres nachtodlichen Weges hatte dadurch, zumindest in der Regel, einen allgemeineren Verlauf. Der Wechsel von einer geistigen Ebene auf die nächste wurde stärker durch Engelhand geführt und geleitet.

Mit dem Aufkommen der Bewusstseinsseele, das bedeutet durch eine neue Stufe der Seelenentwicklung, hat sich dies allerdings geändert. Es geht nun zunehmend in die Verantwortung des Menschen über, die Entwicklungsschritte im Nachtodlichen bewusst und eigenständig zu vollziehen. Der Mensch muss diesen Weg auch *gehen wollen* und ihn *suchend beschreiten.* Die Engel stehen dem Verstorbenen natürlich weiterhin helfend zur Seite, sie treten jedoch nicht mehr vordergründig als Wegführer auf; vielmehr sind sie zu Weggefährten und Begleiter der Menschen geworden.

Damit ein Vorwärtsschreiten in den geistigen Sphären stattfindet, muss also ein freier und aktiver Entwicklungsimpuls des Menschen vorliegen. In unserer Zeit überschreiten jedoch zahlreiche Menschen völlig unvorbereitet die Schwelle. Sie haben keine Begriffe und keine Vorstellungen von dem, was sie erwartet. Somit sind sie nach ihrem Tod desorientiert und verunsichert. Andere wiederum sind sowohl gedanklich als auch seelisch nicht darauf gefasst, irdische Zusammenhänge loszulassen. Es fehlt ihnen die Vorstellung, dass dasjenige, was mit der materiellen Welt zu tun hat, zum Beispiel Besitz, Macht, Ansprüche, Erwartungen, Sorgen, Verpflichtungen etc. nach dem Tod nicht mehr von Bedeutung ist. Aus diesem Grund halten sie weiterhin an ihren irdischen Verhältnissen fest und öffnen ihr Bewusstsein nicht für die geistigen Ebenen, die sie nun umgeben. Es gibt auch Verstorbene, die an ihrem eigenen Lebensrückblick so sehr erschrecken, dass sie nur noch Scham, Bestürzung oder Entsetzen empfinden. Sie sind von diesem unerwarteten Selbstbild überwältigt und halten sich nicht für würdig, ins Licht zu ziehen oder weiterzuschreiten.

So, wie der inkarnierte Mensch in jeder Phase seiner Biografie einen bestimmten Entwicklungsschritt versäumen, einen Prozess zunächst umgehen oder eine Chance verstreichen lassen kann, so ist es auch auf allen Ebenen des Nachtodlichen möglich, dass manche Schritte nicht gleich gegangen werden, da der Verstorbene in einem gewissen Bewusstseinszustand stecken bleibt. Wenn man sich die Ätheraura einer beliebigen mitteleuropäischen Stadt anschaut, so wird man bemerken, dass sich in zahllosen Häusern – neben vielen anderen Wesenheiten – Äthertote befinden. Wenn man dies als Gesamteindruck darstellen will, so muss man sagen, dass es in unserer Welt regelrecht von ihnen «wimmelt». Die Erscheinung und die Anliegen der hängen gebliebenen Ätherverstorbenen sind ganz unterschiedliche, auch ihre Aufenthaltsdauer in dieser Zwischenwelt variiert zwischen wenigen Tagen und mehreren Jahrzehnten oder Jahrhunderten. Sie haben ihren Ätherleib nicht abgelegt, erscheinen also vor dem geistigen Auge in recht deutlichen Umrissen, in einer Gestalt, die ihrer ehemals physischen noch sehr stark entspricht. Viele von ihnen irren in der erdgebundenen Sphäre umher, ohne Kontakt zu ihrem Engel zu haben, der aber stets bei ihnen ist.

Diese hängen gebliebenen Verstorbenen haben immer einen Fokus, einen Bezugspunkt, auf den sie sich beziehen. Manche dieser Äthertoten haften an der Aura eines inkarnierten Menschen und nehmen unterschwellig Einfluss auf bestimmte Bereiche seines Innenlebens. Sie können unbemerkt auf sein

Denken, Fühlen oder Wollen einwirken und ihm eigene Impulse oder Problemthemen aufdrücken. Auch zehren sie von den Ätherkräften des belagerten Menschen und schwächen diesen energetisch. Man spricht in solchen Fällen von einer «Besetzung».

Andere hängen gebliebene Äthertote setzen sich wiederum an bestimmten Orten fest, die sie nicht loslassen können, beispielsweise im Ätherraum ihrer früheren Wohnung, ihres Arbeitsplatzes, ihres Unfallortes. Sie belasten die Atmosphäre dieser Orte durch die eigenen nicht erlösten Problemthemen, welche dort weiterhin einwirken und den Ort energetisch beschweren. Auch hier spricht man von einer «Besetzung», denn der Ort ist energetisch nicht frei und das, was dort geschieht, wird durch den Äthertoten unterschwellig mit beeinflusst.

Besetzungen durch hängen gebliebene Äthertote finden weit häufiger statt als angenommen. Jeder einzelne Fall ist individuell, und die Gründe hierfür sind vielfältig. Es lassen sich jedoch typische Charakteristika und klassische Muster ausmachen, die zu diesem Phänomen führen.

1. Traumatisierende Todeserlebnisse

Es wurde bereits beschrieben, dass ein plötzlicher oder gewaltsamer Tod, wie beispielsweise durch Unfälle, Gewalteinwirkung oder Katastrophen, für den betroffenen Menschen so schockierend sein kann, dass er das Geschehen zunächst nicht nachvollziehen kann. Die Seele ist in einem solchen Maße davon überwältigt, dass sie den Vorgang weder einordnen noch integrieren kann. Auch im inkarnierten Zustand können extreme Schockerlebnisse zu Traumatisierungen führen. Die Seele ist hierdurch überlastet, kann das schreckliche Geschehen nicht ertragen und dementsprechend auch nicht verarbeiten. Das Wesensgliedergefüge ist dabei teilweise auseinandergerissen, die oberen Wesensglieder können nicht mehr richtig ins Physisch-Ätherische eingreifen und harmonisierend einwirken.

Im nachtodlichen Zustand kann sich ein plötzliches oder gewaltsames Ereignis noch ausgeprägter auswirken. Durch den abrupten Tod ist die Seele nicht, wie bei einem natürlichen Sterbevorgang, darauf vorbereitet, sich schrittweise vom Leib zu lösen. Sie wird hier regelrecht dem Leib entrissen und findet keine Anknüpfung mehr an ihn. Das unterste Wesensglied ist nun der Ätherleib, der seinem ehemaligen physischen Leib in einer umrissartigen Form jedoch sehr ähnlich ist. Somit fällt dem unter Schock stehenden exkarnierten Menschen nicht zwangsläufig gleich auf, dass eine große Veränderung stattgefunden hat. Er erlebt sich weiterhin bei Bewusstsein, was er als Kontinuität seines inkarnierten Zustands deutet, und realisiert nicht den Ebenenwechsel, der bereits stattgefunden hat. Zwar bemerken solche Verstorbene, dass sie zum Beispiel *über* dem Unfallgeschehen schweben, was kein natürlicher *physischer* Zustand ist. Auch wundern sie sich darüber, dass kein Mensch mehr sie beachtet oder mit ihnen spricht, was in ihnen Fragen aufwerfen könnte. Doch der Schockzustand ist für sie in einem so starken Maße irritierend, dass aus solchen Wahrnehmungen nicht unbedingt klare oder logische Schlussfolgerungen gezogen werden.

Die schwer unter Schock stehende Seele bindet sich nun an den Ätherleib, wie sie sich früher an den physischen Leib gebunden hat, und richtet ihre gesamte Aufmerksamkeit weiterhin auf die vertraute irdische Welt. So kann es passieren, dass solche Verstorbene für eine längere Zeit in diesem Zustand herumirren. Einige von ihnen verbleiben am Todesort und erleben das Schockereignis immer wieder nach. Psychologisch würde man diesen Zustand mit einer posttraumatischen Belastungsstörung vergleichen, die sich hier allerdings ohne den physischen Leib als Spiegelorgan abspielt. An Autobahnen und Schnellstraßen gibt es viele Stellen, an denen solche Äthertote herumgeistern. Die Energien solcher Orte sind recht belastet. Manchmal häuft sich gerade dort die Anzahl der Unfälle, da die Äthertoten weiterhin in ihrem Unfallgeschehen gefangen sind und ihr Erleben der Ortsatmosphäre aufdrücken. Dies sind «klassisch» besetzte Orte.

Es ist zwar nachvollziehbar, dass Hinterbliebene Kreuze und Blumen am tragischen Sterbeort ihrer Angehörigen aufstellen, doch für die dort Verunglückten bedeutet dies keine Hilfe; ganz im Gegenteil, der Unfallort ist für sie nun in gewisser Weise wie ein kleines Mausoleum hergerichtet und zieht sie energetisch an. Ihre Bindung an diesen Ort wird dadurch noch mehr verstärkt. Diese Gepflogenheit hat eine zusätzliche negative Auswirkung: Durch die Trauersymbole, die dort aufgestellt werden, durch die verlust- und schmerzbehafteten Empfindungen und Gedanken der Hinterbliebenen, die sich speziell mit diesem Ort verbinden, drückt man diesem Platz den Stempel eines Unglückgeschehens auf und verfestigt dort diese Art von Energien. Von daher ist es weder für die Verstorbenen noch für das entsprechende Fleckchen Erde sinnvoll, solche Orte über lange Zeiträume als «Todesstellen» zu pflegen.

Natürlich bleiben nicht alle sich im Schockzustand befindenden Verstorbenen am Sterbeort hängen. Viele von ihnen können das Todesgeschehen nicht nachvollziehen und suchen in dieser desorientierten Seelenlage eher das Vertraute auf, das ihnen Halt und Sicherheit geben kann. Das ist in den häufigsten Fällen das eigene Zuhause. Das bedeutet, dass sie, nun in Äthergestalt, nach Hause zurückkehren, wo sie erst einmal den Eindruck haben, dass alles wieder gut ist: Die Familienangehörigen sind da, die gewohnten Gegenstände, die wohlbekannte Umgebung.

Auf ihre desolate Verfassung wirkt das scheinbar beruhigend. Natürlich bemerken sie, dass die anderen Menschen nicht mehr auf sie reagieren, und das verwundert sie zunächst. Es kann sein, dass sie verzweifeln oder sogar wütend darüber werden. Dies kann sich beispielsweise durch sogenannte «unerklärliche Phänomene» zum Ausdruck bringen, wie Geräusche, Klopfzeichen oder Schritte, die nicht von den physisch lebenden Personen im Haus erzeugt werden. Es handelt sich hierbei lediglich um gebündelte ätherische Energien, die von den Äthertoten ausgehen. Sie selbst können zwar in der Regel nicht bis in die physische Ebene hinein wirken, doch die anwesenden Elementarwesen reagieren darauf in einer bis in den physischen Wahrnehmungsraum hinein zu vernehmenden Weise. Viele Gespenster- und Spukgeschichten gehen auf dieses Phänomen zurück, doch solche Erscheinungen sind eher seltene Ausnahmen. In der Regel wirken die hängen gebliebenen Äthertoten nicht physisch wahrnehmbar.

Mit der Zeit finden sich diese Äthertoten mit ihrem neuen Zustand ab. Sie begreifen zwar nach wie vor nicht, warum sie niemand beachtet, gleichzeitig fällt ihnen kein anderer Ausweg ein, als die Situation so hinzunehmen, wie sie ist. Ihr Bewusstsein bleibt in einer gewissen Weise herabgedämpft, ihr Fokus ist weiterhin eng auf diesen bestimmten Ort gerichtet. So führen sie eine «Parallelexistenz» zum dort stattfindenden Leben der inkarnierten Menschen. Solche Äthertote heben nicht ihren Blick ins Geistige, das bedeutet, dass ihr Bewusstseinslicht nicht stark genug ist, um sich von irdischen Zusammenhängen weg zu orientieren. Meistens nehmen sie weder ihren Schutzengel noch andere geistige Wesenheiten wahr. Und wenn sie doch mal einen bekannten Verstorbenen, der sich um Kontakt bemüht, bemerken, erschrecken sie darüber und wenden sich von diesem ab.

Dieser Zustand kann sich bei vielen Äthertoten über sehr lange Zeiträume erstrecken. Erst wenn ein Bewusstseinswandel vollzogen wird, ist die Befreiung aus dieser Zwischenwelt möglich. Hierzu ein Bespiel:

Eines Tages wurde ich angefragt, Verstorbenenhilfe in den Räumen eines Kindergartens durchzuführen. Die Erzieherin, die mich ansprach, beschrieb, dass in einigen Zimmern des Kindergartens eine sehr merkwürdige und belastende Atmosphäre herrsche. In diesen Räumen gab es auffallend viel Zwist zwischen den Erzieherinnen wie auch ständige Streitigkeiten zwischen Erzieherinnen und Eltern. In den anderen Räumen und Gruppen des Kindergartens war dies jedoch nicht der Fall. Ihr war vor Kurzem auch aufgefallen, dass vor dem Haus ein Stolperstein in Gedenken an eine von den Nationalsozialisten deportierte und ermordete jüdische Frau angebracht war. Die Erzieherin war selbst ein wenig hellfühlig und hatte den Eindruck, dass da eventuell ein Zusammenhang bestehen könnte.

Obwohl ich die Räume des Kindergartens nicht kannte, war es für mich sehr deutlich zu erkennen, welche Zimmer von der belasteten Atmosphäre betroffen waren. Das Haus war äußerlich gepflegt und sehr liebevoll eingerichtet, doch von der Stimmung her hatte es insgesamt etwas Dunkles und Schweres an sich. Es stand auf einem energetisch ungünstigen Platz, der Ort schien aus weit zurückliegenden Zeiten wie verwundet zu sein. Geistig zeigten sich mir Bilder von alten Tierschlachtungen, später auch von Menschen, die dort brutal erschlagen worden waren. Die Erde war mit Blut getränkt worden, und die verzweifelten Schreie der Opfer, ihre entsetzlichen Erlebnisse von Schmerz und Tod hatten sich dem Ortsgedächtnis eingeprägt. Es musste also zunächst auf dieser Ebene gearbeitet und gereinigt werden.

Als wir dann konkret die Zimmer in Angriff nahmen, in denen das Kindergartengeschehen als belastet beschrieben wurde, konnte ich eine zierliche ältere verstorbene Dame wahrnehmen, die sich dort als gräuliche Geistgestalt aufhielt. Es schien, als ob sie altmodische, jedoch sehr gepflegte Kleidung trug. Ihre Erscheinung wirkte noch ganz irdisch, somit war mir klar, dass es sich um eine Äthertote handelte. Ich begann ein Gespräch mit ihr und begriff, dass es tatsächlich die Frau war, für welche der Gedenkstein aufgestellt worden war. Sie wirkte verstört. Entrüstung und Ohnmachtsgefühle paarten sich in den immer gleichen Sätzen, die sie ständig wiederholte. Ich versuchte erst einmal ihre Geschichte zu erfassen und verstand, dass sie zu ihren Lebzeiten in diesem Haus gewohnt hatte. Sie hatte sich dort ein Zimmer gemietet, um in der Nähe ihrer Schwägerin zu bleiben, die einige Häuser weiter in einem jüdischen Altersheim lebte. Ihr Mann war bereits Jahre zuvor verstorben. Eines Nachts wurde sie von der Gestapo abgeholt und über Theresienstadt weiter in ein Vernichtungslager in Weißrussland deportiert. Dort kam sie bereits so geschwächt an, dass sie gleich erschossen wurde. – So weit der Ablauf ihrer äußeren Geschichte.

Während des zunächst mühsamen Gesprächs mit ihr verstand ich, dass der Schock der Deportierung zu extrem für sie gewesen war. Der Augenblick, in welchem nachts mehrere uniformierte Männer gewaltsam in ihre Wohnung eindrangen, war für sie traumatisierend. Sie hatte sich in panischer Angst im Schrank versteckt und wurde von dort herausgezerrt. Die erlebten Demütigungen, die absolute Schutzlosigkeit und Ohnmacht, die Ungerechtigkeit, die ihr geschah, überstiegen ihr seelisches Fassungsvermögen. Somit blieb ihre Seele gefangen in diesem Zustand des Entsetztseins und des Nicht-begreifen-Könnens. Durch den erlebten Schock war sie bereits seelisch so gelockert und verstört, dass sie schon bei ihrem Abtransport nicht mehr mit ihrer ganzen Ich-Präsenz anwesend war. Die schreckliche Zugfahrt wie auch ihre Erschießung danach kamen ihr vor wie ein Albtraum. Somit hatte sie auch nicht begriffen, dass sie tatsächlich verstorben war. Nach dem Tod kehrte sie als ätherische Geistgestalt gleich wieder an den ihr vertrauten Ort zurück. Das war eben ihr letztes Zuhause, wo ihr Todesdrama begonnen hatte. Und dort harrte sie aus, seit nun mehr als siebzig Jahren.

Durch die nicht überwundene seelische Verletzung war sie noch gänzlich in ihrer Entrüstung gefangen und völlig auf diesen Ort fixiert. Von dort wegzugehen wäre ihr gar nicht in den Sinn gekommen, sie wollte das Geschehen des Abtransportes wieder rückgängig machen, wollte eine Richtigstellung und eine Entschuldigung für das Erlebte haben. Sie schimpfte – zwar auf eine recht feine Art, wie eine gepflegte ältere Dame von früher, aber doch sehr vehement – und bemerkte gar nicht, wie negativ und belastend sich ihre seelischen Energien auf die Atmosphäre des Hauses auswirkten. Lediglich am Rande und wie im Traum nahm sie wahr, dass dort inzwischen andere Menschen ein- und ausgingen. Das spielte für sie kaum eine Rolle, ihr Innenleben kreiste endlos um das gleiche traumatisierende Geschehen.

Es war nicht leicht, ihr zu vermitteln, dass sie dort Schaden anrichtet und Menschen belastet, die nichts mit ihrer Geschichte zu tun haben. Ich erklärte ihr, dass es zwar verständlich sei, wenn sie ihr Leben durch diese schrecklichen Erlebnisse als entwertet empfinde. Auch sei es nachvollziehbar, dass sie Verständnis und Anerkennung dafür suche. Doch alle damals Beteiligten seien schon lange verstorben, an diesem irdischen Ort könne sie nichts mehr ausrichten oder erreichen. Es war notwendig, ihren Zustand der Verstörtheit mit viel Aufklärungskraft, mit Geduld und mit verständnisvoller Herzenswärme zu durchlichten. Nach zwei langen und sehr intensiven Sitzungen veränderte sich ihre Gemütsverfassung. Sie bedauerte es sehr, die Kinder und die anderen dort wirkenden Menschen belastet zu haben, dies war nie ihre Absicht gewesen. Sie sah nun ein, dass sie gehen müsste, auch wenn es ihr nicht leichtfiel. Mithilfe mehrerer Engelwesenheiten und im Beisein ihrer längst verstorbenen Angehörigen, die sie erwarteten, konnte sie sich dann endlich von dort entfernen.

Die Stimmung im Kindergarten verbesserte sich deutlich nach dieser Arbeit. Es waren zwar nicht alle Schwierigkeiten gelöst, denn das Haus war, wie bereits geschildert, auch auf anderen energetischen Ebenen noch belastet. Hinzu kam, dass die Menschen, die dort wirkten, ihre persönlichen, nicht bearbeiteten Probleme mit hineintrugen. Doch zumindest diejenige Ebene, die durch die verstorbene Dame besetzt gewesen war, war nun frei und gab keinen Anlass mehr zu einer grundlegenden Missstimmung, die Streitigkeiten oder soziale Zerwürfnisse begünstigte.

Diese Begebenheit ist keineswegs eine Ausnahme. Man begegnet immer wieder Verstorbenen aus der Zeit der Weltkriege, die sich noch nicht aus der Erdensphäre gelöst haben. Manche von ihnen erscheinen vor dem geistigen Auge noch so, als ob sie die damalige Uniform tragen würden. Dies ist der Hinweis dafür, dass sie die Ätherwelt nicht verlassen haben. Einige sind in ihrer Opferrolle wie gebannt geblieben, können weder verzeihen noch ihre Schreckenserlebnisse verkraften. Andere wiederum sind Täter gewesen, sie wurden von ihrem Gewissen geplagt und konnten sich selbst nicht vergeben. Viele sind beides gewesen und erleben sich zerrissen in einem nicht aufzulösenden Zwiespalt zwischen Opfer- und Täterdasein.

Solche tragischen Schicksale wirken also in unserer Welt noch nach und zeigen auf, dass traumatisierende Todeserlebnisse sich nicht nur über Tage und Wochen, sondern auch über längere Zeiträume auswirken können.

2. Die Einnahme von bewusstseinsverändernden Medikamenten

Wie bereits im Zusammenhang mit dem Schwellenübergang beschrieben, können nicht nur Schreckenserlebnisse und gewaltsame Todesursachen dazu führen, dass der eigene Tod nicht richtig wahrgenommen wird. Auch alle anderen Zustände eines eingeschränkten Bewusstseins im Todesaugenblick, wie beispielsweise die Einnahme von verschiedenen Schmerzmitteln oder von bewusstseinsverändernden Medikamenten, können zur Folge haben, dass der Verstorbene in einem benommenen, dumpfen Bewusstseinszustand hängen bleibt.

Ein befreundeter Therapeut bat mich um Hilfe bezüglich einer seiner Patientinnen. Die junge Frau, eine vierundzwanzigjährige Tänzerin, an Krebs erkrankt, war ein Jahr lang bei ihm in biografischer Beratung gewesen. Ein weiteres Jahr später erfuhr er, dass sie nach einem längeren Krankenhausaufenthalt verstorben war. Er musste immer wieder intensiv an sie denken und wandte sich mit der Frage an mich, ob sie als Verstorbene vielleicht Hilfe oder Begleitung bräuchte.

Ich richtete innerlich meine Aufmerksamkeit zu ihr hin und konnte sie wahrnehmen: eine recht schöne, feine, jedoch sehr traurige Gestalt. Sie schien in einem dämmrigen Geisteszustand zu sein und wirkte so, als ob sie sich allein in einer schwebenden gräulichen Kugel befinden würde. Ihre Erlebniswelt war ganz isoliert und abgeschirmt von jedwedem Zusammenhang. Sie wusste nicht recht, was ihr geschah, und sah apathisch und willenslos aus. Sie hatte zwar ahnend begriffen, dass sie verstorben war, doch durch ihre lethargische Verfassung war sie in diesem Zwischenzustand bzw. Zwischenraum stecken geblieben. Das Gespräch mit ihr gestaltete sich schwierig, da sie sehr geistesabwesend wirkte. Zumindest konnte ich daraus verstehen, dass sie ihren Sterbeprozess als sehr qualvoll erlebt hatte. Ihr Leib war durchmetastasiert gewesen, und trotz der Medikamente musste sie massive Schmerzen erleiden. Seelisch schien sie noch ihr verlorenes junges Leben zu bedauern, obgleich sie nicht sehr stark damit haderte. Insgesamt machte sie den Eindruck eines Menschen, der in seiner letzten Lebenszeit überaus schläfrig und abwesend gewesen war und nun, nach dem Schwellenübergang, weiterhin in dieser schattenhaft benommenen Verfassung geblieben war.

Da ihr Bewusstseinszustand keinen wirklich klaren Gedankenaustausch zwischen uns zuließ, der sie hätte weiterbringen können, wandte ich eine andere Methode an: Ich formte aus meinen Herzenskräften ein «Paket» mit all meinem inneren Wissen über die geistige Welt und bat die junge Verstorbene, dieses Gebilde auf ihr Herz wirken zu lassen. Auf der geistigen Ebene ist es nämlich möglich, Informationen in Form von Energien zu vermitteln, ohne den entsprechenden Inhalt Gedanke für Gedanke bzw. Wort für Wort erläutern zu müssen. Unser Gehirn steht uns da nicht mehr im Weg, eine direkte Gedankenübertragung ist real möglich. So kann man komplexe Zusammenhänge energetisch bündeln und sie einem anderen Wesen unmittelbar zur Verfügung stellen.

Vergleichsweise langsam und doch in nur wenigen Augenblicken nahm die Verstorbene diese Inhalte auf. Sie war darüber sehr verwundert, denn ihre eigenen inneren Vorstellungsbilder in Bezug auf den Tod und auf die geistige Welt waren vage, diffus und voller Unsicherheit. Durch den «Aha-Effekt», den sie nun dabei erlebte, wurde sie ein wenig wacher. So konnte ich dann ihre Aufmerksamkeit auf ihren Engel und auf die sie umgebenden Verstorbenen richten. Mithilfe dieser Wesenheiten war sie dann in der Lage, diese Zwischensphäre zu verlassen und sich langsam der Astralwelt zuzuwenden.

Ein stark herabgedämpfter Bewusstseinszustand vor dem Tod kann also auch nach der Schwelle zu innerer Apathie und Unbeweglichkeit führen. Den Betroffenen fehlt die Geisteswachheit, um die Wirklichkeit der sie umgebenden Ätherwelt zu erkennen und um darin aktiv zu agieren. Sie verharren in dem Eindruck, sie seien noch an einen kranken oder schmerzenden Leib gebunden. Es ist wie eine Art «Abdruck» des Leibes, der das Bewusstsein bestimmen kann. In Häusern, die lange Zeit von bettlägerigen Menschen bewohnt wurden, in Alters- und in Pflegeheimen trifft man häufig auf Äthertote, die dort weiter dahinleben und sich nicht aus der Erdensphäre lösen. Auch in Krankenhäusern begegnet man Äthertoten, die sich ihres Todes noch nicht bewusst sind und noch desorientiert umhertreiben. Dort bleiben die Verstorbenen aber in der Regel nicht über sehr lange Zeiträume, da Krankenhäuser keine so vertrauten Orte sind, wie es ein Zuhause ist.

3. Suchtverhalten und Drogentod

Neben der Wirkung von bewusstseinsverändernden Medikamenten können genauso Rauschzustände und die Einnahme von Drogen dazu führen, den eigenen Schwellenübergang nicht zu bemerken. Im berauschten Zustand, wie es bei starker Alkoholisierung oder Drogeneinfluss der Fall ist, verschwimmen die Wirklichkeitsgrenzen. Das Ich ist nicht Herr im eigenen Seelenhaus, der Bewusstseinszustand ist stark getrübt. Ein in dieser Weise verstorbener Mensch nimmt nicht unbedingt seine Ablösung vom physischen Leib wahr. Zudem sind seine Gewohnheiten und sein seelisches Verlangen weiterhin da, er ist in seiner Sucht gefangen und irrt, auf der Suche nach ihrer Befriedigung, herum. Er bleibt oft als Äthertoter beispielsweise im vertrauten Drogen- oder Kneipenmilieu und hängt sich an die inkarnierten Süchtigen an, um über sie an die begehrte Substanz zu gelangen. Seine Begierde, die er mangels eines physischen Körpers jedoch nie erfüllen kann, treibt ihn dazu, den besetzten Menschen ständig zu Handlungen zu animieren, die sich um die Sucht drehen. Einen solchen süchtigen Äthertoten «im Gepäck» zu haben, bedeutet also für den besetzten Menschen, dass seine eigene Sucht verstärkt wird. Dies erklärt auch, warum Alkohol- und Drogenentzüge sich so schwierig gestalten: Süchtige haben – zwar nicht immer, jedoch sehr häufig – nicht nur mit der eigenen Sucht zu kämpfen, sondern auch mit dem Einfluss sie besetzender Äthertoten, die die eigene Sucht durch den besetzten Menschen befriedigen wollen.

Die Thematik der Süchte spielt nicht nur auf der ätherischen Ebene eine gravierende Rolle für die betroffenen Entkörperten. Auch in den späteren Astralwelten haben Süchte und Abhängigkeiten erhebliche Auswirkungen auf das Erleben der Verstorbenen.

4. Die Chemotherapie und ihre möglichen Folgen

Eine ausgeprägte Auswirkung auf die Zeit in der Ätherwelt können auch Behandlungen durch Chemotherapeutika haben. Hier geht es nicht um einen eingeschränkten Bewusstseinszustand, der den Übergang erschwert, sondern um die Auswirkung der verabreichten Substanzen auf den physischen und den Ätherleib des betroffenen Menschen. Chemotherapien können zu einer drastischen Verhärtung des Ätherleibes führen und bewirken, dass dieser sich stark an den physischen Leib bindet. Nach dem Tod passt sich dieser zähe Ätherleib nicht in entsprechender Weise seiner ätherischen Umgebung an und kann sich dann substanziell auch nicht regelkonform auflösen. Es braucht mehr Zeit, bis seine künstlich veränderte Konsistenz «aufgeweicht» und durchlichtet wird, damit sie sich für den Übergang in die Astralwelt auflösen kann. Je nach Form und Verabreichungsdauer der Chemotherapie kann es zwischen wenigen Wochen und mehreren Monaten dauern, bis die Folgen dieser Behandlung auf ätherischer Ebene abgeklungen sind.

Diese Beobachtungen sprechen keinesfalls gegen chemotherapeutische Behandlungen. Man sollte allerdings ein Bewusstsein davon haben, dass auf ätherischer Ebene Auswirkungen bestehen, die vom Betroffenen aktiv bearbeitet oder hingenommen werden müssen.

5. Gebundensein an das Diesseits

Weiter gibt es Verstorbene, die sich seelisch schwer aus bestimmten irdischen Zusammenhängen lösen können. Unverarbeitete Lebens- und Beziehungsthemen, die Sorge um Partner, Kinder, Haus oder Besitz, seelische Abhängigkeit, vermeintliche persönliche oder berufliche Verpflichtungen beschäftigen diese Menschen noch so stark, dass sie sich nicht davon losmachen können bzw. wollen. Das angenommene Problem absorbiert ihre gesamte Aufmerksamkeit, sodass das geistige Geschehen um sie herum völlig in den Hintergrund gerät. Meist ohne es bewusst zu merken, besetzen sie ätherisch einen bestimmten Lebensraum oder klammern sich an die Aura eines Angehörigen. Anstatt zu der angestrebten Problemlösung beizutragen, werden sie zu einer Belastung.

Vor mehreren Jahren verbrachten mein Mann und ich den Sommerurlaub in Norwegen. Wir hatten ein kleines Häuschen in Strandnähe gemietet, umgeben von Wiesen und Wald. Das zweistöckige Haus war alt, jedoch sehr schön gepflegt und voller Charme. Äußerlich war alles bezaubernd, doch die Stimmung dort war ein wenig drückend. Eines Nachts lag ich im Bett und las, draußen war es stockfinster und ganz still. Auf einmal schien mir, als ob eine bedrohliche Gestalt vor dem Fenster stehen und gestikulieren würde. Ich erschrak und war gleichzeitig völlig darüber verwundert, denn das Schlafzimmer befand sich in der ersten Etage. Da Angst keine gute Ausgangsbasis für geistiges Schauen und Arbeiten ist, sprach ich zunächst ein Vaterunser und konnte mich so wieder beruhigen und zentrieren. Dann wandte ich mich dieser Geistgestalt zu, die sich in der Dunkelheit vor dem Schlafzimmerfenster befand. Ich erkannte in ihr einen aufgebrachten alten Mann, der wütend schimpfte und Drohgebärden machte. Der Verstorbene war groß und kräftig, seine Gestalt erinnerte an einen norwegischen Bauer zu Beginn des 20. Jahrhunderts. Sein Wesen war recht grob und mürrisch. Seinen Engel, der hinter ihm stand, konnte er nicht wahrnehmen, sein Blick war ständig auf das Haus gerichtet und irgendetwas daran schien ihm sehr zu missfallen.

Ich begann ein Gespräch mit ihm und begriff, dass er zu Lebzeiten dieses Haus selbst mühevoll gebaut hatte. Sein gesamtes Leben hatte er dort verbracht, und etwas anderes kannte er kaum. Nach seinem Tod konnte er nicht davon loslassen, denn dies war seine ganze Welt. Er hatte den Eindruck, er müsste sich weiter darum kümmern und es beschützen. So blieb er in der erdennahen Umgebung und besetzte das Haus ätherisch. Er verstand nun nicht, warum ständig fremde Leute in sein Haus kamen, warum sie darin wohnten und wieder weggingen und wie das alles ohne seine Erlaubnis geschehen konnte. Darüber war er sehr wütend und polterte herum wie ein ungehobeltes Rumpelstilzchen. Er war also keinesfalls eine gefährliche

Gestalt, sondern lediglich ein verbitterter, vergrämter hängen gebliebener Äthertoter, der sich von seinem irdischen Besitz nicht trennen konnte.

Ich wandte mich seinem Engel zu und bat diesen, mir die Zusammenhänge klarer zu verdeutlichen. Der Engel zeigte mir in Bildern, dass die Nachkommen dieses Mannes nach seinem Tod das Haus zum Teil selbst genutzt hatten, es dann aber für lange Zeit unbewohnt ließen. Die nachfolgende Generation, die selbst keinen Bezug mehr dazu hatte, ließ es renovieren und vermietete es als Ferienhaus. Der alte Mann, der weder begriffen hatte, dass er nicht mehr lebte, noch, dass dies nicht mehr sein Haus war, kam mit der Situation nicht zurecht und blieb, schimpfend und wuterfüllt, ätherisch dort hängen.

Es war kein einfaches Unterfangen, diesem Mann zu vermitteln, dass er gar nicht mehr in der irdischen Welt lebte. Er war nämlich recht einfältig, und nach achtzig Jahren war er auch schwer von dort wegzubekommen. Ich versuchte es schrittweise: Erstmal zeigte ich ihm auf, dass er schweben konnte; schließlich stand er draußen vor dem Fenster des ersten Stockwerks. Dann holte ich ihn ins Haus hinein und machte ihm bewusst, dass er nicht durch die Tür, sondern durch die Wand gegangen war. Sein dumpfes Bewusstsein fing an, sich darüber zu wundern. Auch wenn er sich das alles nicht recht erklären konnte, so entstand in ihm zumindest schon mal eine fragende Haltung. Am nächsten Tag stellte ich wieder den Kontakt zu ihm her und ließ ihn zunächst über die gesamte Ortschaft aufsteigen. Dann ließ ich ihn weitere Landschaftsgebiete und schließlich Norwegen und ganz Europa von oben betrachten. Endlich begriff er, dass er tatsächlich nicht mehr inkarniert war. Er wurde nun offener und innerlich beweglicher, irgendwann konnte er seinen Engel sehen und war sehr davon ergriffen. Auch seine Mutter, die lange vor ihm verstorben war und die ihm für den

Übergang beistehen wollte, konnte er auf einmal wahrnehmen. Seine Unsicherheit war zwar noch groß, aber immerhin war er jetzt bereit, seinen geistigen Begleitern zu folgen und diesen Ort zu verlassen. Wir reinigten danach noch das Haus von den starken Besetzungsenergien und konnten dort anschließend unbeschwerte weitere Urlaubstage verbringen.

Diesen und vielen anderen Fällen ist das Gefesseltsein von bestimmten irdischen Themen gemeinsam. Hier fehlt stets das Vertrauen, dass das Leben auf Erden auch ohne einen selbst weitergehen kann. Beispielsweise ein Unternehmenschef, dessen gesamter Lebensinhalt seine Firma war, kann nach seinem Tod, wenn er diesen nicht wahrnehmen wollte, noch täglich «ins Geschäft gehen». Zu Lebzeiten hatte er sich darüber identifiziert, nun lässt er nicht davon los. So kann er sich als Äthertoter daran stören, dass ein anderer in seinem Chefsessel sitzt und Entscheidungen trifft. Er ist nun ständig bemüht, alles Neue zu unterminieren, um die alte Situation wiederherzustellen. Seine negativen und nicht freilassenden Energien erzeugen Komplikationen und Schwierigkeiten und schwächen so die weitere Entwicklung des Unternehmens.

Nicht nur Besitz und Machtansprüche, sondern alle unerlösten negativen Emotionen der Ätherverstorbenen, wie Wut, Neid, Missgunst, Eifersucht, Hass, stellen eine Belastung für die Welt der Hinterbliebenen dar. Wenn etwa eine verstorbene Frau ihrem noch lebenden Mann nicht gönnt, dass er eine neue Partnerin hat, so kann sie sehr behindernd auf diese neue Beziehung einwirken. Als Äthertote, die sich in der Wohnung festsetzt, kann sie immer wieder ihre Eifersucht und die damit einhergehenden negativen Energien verbreiten, was zu einer erheblichen Belastung der neuen Partnerschaft führen kann. Es können dadurch Unmut und Frustration, Missstimmungen und

Streitigkeiten entstehen. Die inkarnierten Menschen sind sich gar nicht dessen bewusst, dass da noch ein Dritter im Bunde ist, der ihre Beziehung boykottiert.

Das hauptsächliche Problem bei solchen unerlösten Seelenregungen ist, dass sie sehr bindend wirken. Derjenige, der sie erzeugt, ist selbst darin gefangen wie in einem Spinnennetz. Gleichzeitig schadet er seinem Opfer, da er es ständig mit seinen unkontrollierten, fordernden oder destruktiven Ansprüchen belastet. Einige dieser Toten wissen sogar, dass sie gestorben sind, das interessiert sie jedoch nicht weiter. Ihr Fokus gilt lediglich einem Ziel: die ungewollte Situation zu beseitigen.

Hierfür gibt es nur eine sinnvolle Lösung: den Verstorbenen, der Schaden verursacht, aus dem besetzten Raum zu entfernen und ihm dazu zu verhelfen, seinen eigenen Weg in der nachtodlichen Welt zu beschreiten. Wenn er nicht einsichtig ist, dann sollte man ihn entschieden dazu bringen. Verständnis für seine nicht verarbeiteten Lebensthemen zu haben bedeutet nicht, ihn in einer solch hinderlichen Weise gewähren zu lassen. Selbstbezogene Ansprüche auf die irdische Welt zu haben stellt eine egoistische Fehlentwicklung des Verstorbenen dar; denn der Tod hat seinen Sinn und seine Richtigkeit, sowohl für ihn als auch für seine Hinterbliebenen. Seine Aufgabe besteht nun darin, loslassen zu lernen und sich mit neuen Wirklichkeitsdimensionen vertraut zu machen. Wenn der Verstorbene diese geistige Ordnung nicht einhält, so geht die Verantwortung hierfür in unsere Hände über.

6. Hinterbliebene halten den Verstorbenen fest

Obwohl es die Aufgabe eines jeden einzelnen Menschen ist, seine nachtodliche Entwicklung im Rahmen der entsprechenden geistigen Gesetzmäßigkeiten zu gestalten, so gibt es gewisse externe Einflüsse, die eine förderliche oder hinderliche Rolle dabei spielen können. Ein kürzlich über die Schwelle gegangener Mensch ist noch unmittelbar mit der Sphäre seiner Hinterbliebenen verbunden. Er nimmt die Seelenregungen seiner Angehörigen, ihren Schmerz und ihre Trauer wahr.

Die Trauer ist die Schwester des Schmerzes, sie ist Ausdruck eines Verlusterlebnisses und bindet den Trauernden an etwas, was es in der Vergangenheit gab, in der Gegenwart jedoch nicht mehr in der gleichen Weise existiert. Mit der Trauer umzugehen, sie zuzulassen, anzunehmen, ihr Raum und Zeit zu geben, gehört zu einem gesunden seelischen Entwicklungs- und Heilungsprozess. Sie gründet allerdings in unterschiedlichen Seelenschichten und zeigt sich in differenzierten Nuancen. Man kann zum Beispiel um einen Toten trauern, man kann aber auch sich selbst betrauern. Dieser Unterschied wird häufig nicht wahrgenommen. Hinter dem nachvollziehbaren Schmerz des Verlustes kann sich auch der Wunsch verbergen, den über die Schwelle Gegangenen wieder bei sich haben zu wollen. Das impliziert jedoch, dass man seinen Tod nicht als Teil seines Lebenswegs akzeptiert. Hier wird die Grenze zum Egoismus recht dünn.

Die Qualität der Trauer spielt also eine wichtige Rolle. Wenn ein Mensch kaum mit seinem Verlust fertig wird und der Schmerz ihn so sehr überwältigt, dass er sich regelrecht an den Verstorbenen klammert, so kann er diesen daran hindern, sich aus der erdennahen Äthersphäre zu entfernen. Solche Energien «krallen» sich an ihn und halten ihn zurück. So bleibt der Äthertote zunächst zögernd und zerrissen zwischen den Welten hängen und erlebt diesen Zustand als bedrückend und schmerzvoll.

Die eigentliche Aufklärungsarbeit gilt hier dem Hinterbliebenen und nicht dem Verstorbenen. Ihn in seiner Trauer begleitend, kann man ihm behutsam vermitteln, dass er durch seine innere Haltung einen direkten Einfluss auf die Entwicklung des über die Schwelle Gegangenen hat. Mit der Zeit kann man ihm immer klarer verdeutlichen, dass selbstlose, vertrauensvolle Hinwendung und liebevolles Loslassen die besten Wegbegleiter für einen Verstorbenen sind. – Den Verstorbenen wiederum kann man darin bestärken, seinen eigenen Weg weiterzugehen und ebenfalls Vertrauen in die Heilungs- und Schicksalskräfte des Hinterbliebenen zu entwickeln.

7. Gegenseitiges Festhalten

Es gibt allerdings auch die Fälle, in denen ein – wenn auch leises – *gegenseitiges* Festhalten besteht. Das heißt, sowohl der Verstorbene als auch der Angehörige bleiben in der Bedürftigkeit des gemeinsamen Seins und können sich gegenseitig nicht loslassen. Dies ist, nachvollziehbarerweise, vor allem bei älteren Ehepaaren zu beobachten, die viele Jahrzehnte ihres Lebens miteinander verbracht haben. Sie bleiben auch nach dem Tod des einen Partners intensiv aufeinander gerichtet und leben innerlich gemeinsam weiter.

Meistens ist einer der Partner seelisch bedürftiger und bleibt auf den anderen fixiert; der andere wiederum spürt dies unterschwellig und kreist innerlich, voller Anteilnahme, um seinen Gefährten. Manchmal leidet einer der Partner sogar an dieser ungelösten Verbundenheit, kann sich aber nicht daraus befreien. Einige Fälle sind sehr berührend, denn vor allem aufseiten der Männer kommt hier manchmal eine Qualität der Liebe und Verbundenheit zum Vorschein, die im Leben so nicht sichtbar waren.

Eine Freundin berichtete mir, dass ihre Großmutter die Anwesenheit des vor Jahren verstorbenen Großvaters wahrnehme.

Manchmal habe die Großmutter sogar den Eindruck, ihr Mann halte fast spürbar noch ihre Hand. Dies sei für die Großmutter zwar weder beängstigend noch besorgniserregend, aber etwas befremdlich und belastend sei es schon. So bestand die Frage, ob man in dieser Situation helfen könnte.

Ich ließ mir den Namen des verstorbenen Großvaters geben und meditierte zu ihm hin. Der Name ist eine sehr wichtige Brücke, um Verstorbene zu erreichen, die man im Leben nicht persönlich gekannt hat. Es gibt zahlreiche Arten von geistigen Wesenheiten, und vorwiegend diejenigen luziferischer Natur können einen auf die falsche Fährte bringen. Sie haben die Fähigkeit, ausgesprochen geschickt zu täuschen, indem sie sich verwandeln und sich als jemand ausgeben, der sie nicht sind. Wenn man das eigene geistige Schauen also nicht gründlich überprüft, haben solche Wesenheiten die Möglichkeit, einen an der Nase herumzuführen. Doch wenn man sie mit Bewusstseinsklarheit direkt nach ihrem Namen fragt, können sie nicht lügen und sich für jemand anderes ausgeben. Dieses geistige Gesetz ist ein immanent wichtiger Schutz in der Arbeit mit geistigen Wesenheiten.

Nachdem ich mich also vergewissert hatte, dass ich den «richtigen» Großvater gefunden hatte, versuchte ich, seine Situation zu erfassen. Er befand sich als ätherische Geistgestalt in seinem Haus, saß auf dem Sofa im Wohnzimmer und schaute vor sich hin. Seine noch lebende Frau schlief, da es spät in der Nacht war. Er schien es zu wissen, dass er verstorben war, wollte es aber nicht ganz wahrhaben. Wir sprachen über sein Leben, er war freundlich und gut zugänglich im Gespräch. Es war deutlich zu spüren, dass er seelisch an seiner Frau hing und aus Sorge um sie dort im Haus geblieben war. Solange wir über irdische Dinge sprachen, verlief das Gespräch flüssig. Über geistige Zusammenhänge wollte er allerdings nicht sprechen.

Als ich versuchte, ihm zu vermitteln, dass sein Engel bei ihm ist, erschien ihm das merkwürdig. Dann zeigte ich ihm meinen Engel, der direkt hinter mir stand. *«Glaube ich nicht! Das kann ja jeder sagen, dass das ein Engel ist. Es könnte ja sonst wer sein»,* war seine Antwort. Ich überlegte, wie ich weiterkommen könnte, und dann wurde mir klar, dass seine Frau der Schlüssel sein müsste. Zu ihr hatte er den stärksten Bezug, das, was mit ihr zu tun hatte, berührte ihn unmittelbar. So beschloss ich, ihm den Engel seiner Frau zu zeigen. Ich bat ihn, mit mir zu seiner schlafenden Frau zu gehen. Obwohl er seit Jahren keinen physischen Leib mehr hatte, bewegte er sich mühsam durch das Haus, als ob er noch alt und gebrechlich wäre – ein typisches Anzeichen für einen hängen gebliebenen Ätherverstorbenen. Er führte mich ins Schlafzimmer, wo seine Frau lag. Wir standen beide neben dem großen Bett, und ich zeigte ihm am Kopfende den Engel seiner Frau. *«Schauen Sie, das ist der Engel Ihrer Frau. Er ist immer bei ihr, er behütet sie. Er war schon immer bei ihr, nur dass Sie ihn noch nicht wahrgenommen haben. Ihre gesamte Ehezeit war der Engel Ihrer Frau bei ihr und bei Ihnen beiden, er hat sie stets begleitet und geführt.»* Das bewegte den Großvater sehr, er konnte die Hingabe des Engels wahrnehmen und war zutiefst davon ergriffen. Ab da war es ihm möglich, auch seinen eigenen Schutzengel wahrzunehmen wie auch seine lange vor ihm verstorbenen Eltern, die nun erschienen waren.

Ich versuchte ihm dann zu vermitteln, dass er seiner Frau von der erdennahen ätherischen Ebene aus, auf der er sich noch befand, nicht wirklich helfen könnte. Auch übergab ich ihm ein «Herzenspaket» aus all dem, was ich über die geistige Welt wusste. Da wurde er sehr nachdenklich. Diese Seelenbilder wirkten in ihm, er betrachtete sie lange, und immer wieder sagte er: *«Das hat man uns in der Schule nicht so beigebracht, auch in der Kirche nicht. Das haben wir nicht gewusst, so wusste ich das nicht.»* Es waren ganz neue Erkenntnisse über geistige Zusammenhänge, die ihn da bewegten. Doch das reichte nicht aus, er war noch immer nicht bereit, von dort wegzugehen. Das wäre ihm vorgekommen, als ob er seine Frau verlassen würde. Er konnte sich schlicht und einfach nicht vorstellen, «allein» und ohne sie irgendwohin zu gehen.

Ich bat dann seine Frau hinzu. Ihr physischer Leib schlief zwar, doch als astralisches Geistwesen war sie ansprechbar. Im Moment ihrer Begegnung wurde es deutlich, dass auch sie ihren Mann noch innerlich festhielt. Ihre Haltung war zwar ambivalent, doch ihn ganz loslassen konnte sie nicht. Durch die starke Bezogenheit aufeinander, aus der sich beide nicht ganz lösen wollten, bedingten sie gemeinsam die vorhandene Situation.

Aus diesem Grund forcierte ich nicht das Weggehen des Großvaters. Es hätte auch nicht viel gebracht, denn die Energien seiner Frau hätten ihn immer wieder zurückgezogen. Ich verabschiedete mich lediglich von beiden mit dem Hinweis, dass die Verhältnisse jederzeit geändert werden könnten.

Manchmal bedingt also das gegenseitige Verhältnis zwischen Lebenden und Verstorbenen den Verbleib des Letzteren in der Äthersphäre. Dieser Zustand muss nicht immer unbedingt bedrückend oder belastend sein, manchmal wird er, wie auch in diesem Beispiel, mehr oder weniger als ein Warten auf den anderen bzw. als ein Verstricktsein mit dem anderen erlebt. Solche Verbindungen sind natürlich nachvollziehbar, es ist nur nicht sehr sinnvoll, wenn sich dieser Zustand über einen zu langen Zeitraum hinzieht; denn sowohl der Verstorbene als auch der Hinterbliebene sind dabei nicht wirklich frei in ihrer Entwicklung und haben einen bestimmten Ablösungsschritt noch nicht vollzogen.

8. Materialistische und atheistische Weltanschauungen

Die eigene Einstellung gegenüber dem Tod und die persönlichen Vorstellungen hiervon spielen auf allen nachtodlichen Ebenen eine signifikante Rolle. Materialistisch eingestellte Menschen sind der Überzeugung, der Tod bedeute das endgültige Ende ihrer Existenz. Nach dem Schwellenübergang erleben sie jedoch, dass ihr Bewusstsein, ihr Denken und Fühlen nicht ausgelöscht sind. Auch haben sie weiterhin einen Leib, obgleich einen etwas anders gearteten. Dies ist für sie ein unerwarteter und überaus irritierender Zustand, den sie nicht in die vertrauten Denkkategorien einordnen können. Auch die Begegnung mit Engelwesenheiten und anderen Verstorbenen stellt für sie ein Erleben dar, welches Ratlosigkeit und Bestürzung, ja sogar Angst erzeugen kann. Dies gilt genauso für atheistisch eingestellte Menschen, die das Göttliche – und somit auch das Übersinnliche in all seinen Erscheinungen – verneinen.

Nach dem Motto «Es kann nicht sein, was nicht sein darf» besteht die Schwierigkeit solcher Menschen darin, dass sie nicht das zulassen, was sie nun wirklich erleben. Sie haben lediglich Begriffe und Vorstellungen von irdischen Zusammenhängen gebildet, die Idee eines sinnvollen, realen Zusammenspiels von Leben und Tod ist in ihnen nicht ausgereift. Weder haben sie das Bestehen von geistigen Dimensionen in Erwägung gezogen, noch hat in ihrem Herzen das innere Bild ihres Engels gelebt. In ihrer Vorstellung lassen sie keine andere Realität als die erdbezogene zu, so bleibt ihr Blick auch weiterhin auf das Irdische gerichtet. Da das Unbekannte häufig Angst erzeugt, vermeiden es viele solche Verstorbene, ihre Aufmerksamkeit auf die neue, unerwartete Ebene ihres Seins zu richten.

Für diese Äthertoten bedarf es vor allem der Aufklärung.

Über anschauliche und humorvolle Erlebnisse kann man sie dazu bringen, die neue Wirklichkeit, in der sie leben, anzuerkennen. Man kann ihnen beispielsweise vorführen, dass sie in ihrem jetzigen Zustand schweben und durch Wände gehen können oder dass sie keinen physischen Gegenstand greifen beziehungsweise heben können. Am Anfang staunen sie noch ungläubig darüber, manche versuchen auch, geschickt gegen das eigene Erleben zu argumentieren; doch nach einigen Demonstrationen sind sämtliche ihrer materialistischen Theorien widerlegt. Wenn sie so weit sind, ihren eigenen Engel wahrzunehmen, dann sind sie meist auch dazu bereit, mit ihm weiterzuziehen.

9. Angst vor dem Tod

Ähnlich hinderlich wie die Verneinung einer nachtodlichen Existenz wirkt sich, zumindest auf der ätherischen Ebene, auch die Angst vor dem Tod aus. Manche Menschen haben dabei eine diffuse Angst vor dem «Unbekannten», andere vor der persönlichen «Auslöschung». Häufiger handelt es sich dabei aber um eine moralisch bedingte bzw. religiös indoktrinierte Angst: Angst vor der ewigen Finsternis, Angst vor dem Teufel, Angst, für die begangenen Sünden bestraft zu werden. Hier liegt in der Regel ein moralischer Zwiespalt vor, d.h. nicht aufgearbeitete Schuldgefühle, verdrängte Gewissenskonflikte, unbewältigte Schuldkomplexe, die sich mit kirchlichen Vorstellungen von der ewigen Verdammnis und von der Hölle decken.

Die Angst lähmt hier regelrecht den Verstorbenen. Er erstarrt innerlich und zieht es vor, angesichts der erwarteten Bedrohung bzw. Bestrafung, ganz unbewegt und regungslos zu bleiben. Jegliches Zulassen neuer Eindrücke wie auch die Begegnung mit geistigen Wesenheiten kommt diesen Äthertoten wie eine fürchterliche Gefahr vor. Bei manchen von ihnen kann man beobachten, wie sie geradezu ihr Ich «einklappen». Sie schirmen sich hermetisch ab, um möglichst nichts mehr wahrzunehmen. Das ist mit der Vogel-Strauß-Taktik vergleichbar: den Kopf in den Sand stecken, in der Hoffnung, dass die Gefahr irgendwie an einem vorüberzieht. So verharren sie in einem starren, verkrampften Zustand und haben nicht den Herzensmut, sich suchend und interessiert zu öffnen.

10. Religiöse Passivität

Auch sehr angepasste oder nicht reflektierte religiöse Vorstellungen in Bezug auf den Tod können die Zeit in der ätherischen Welt erschweren. Manche kirchlich-religiös geprägte Menschen haben die von der Kirche vorgegebenen Denkinhalte einfach hingenommen, ohne diese zu hinterfragen oder sie selbst als existenzielle Frage zu bewegen. Die Vorstellungen in Bezug auf den Tod sind hier nicht selbst errungen, in vielen Fällen sind sie lediglich eine Ansammlung von sehr wörtlich verstandenen Zitaten: «Mit dem Tod schlafe ich ein und werde am Tag des Jüngsten Gerichts auferweckt». – Der Tod ist jedoch kein Schlaf, ganz im Gegenteil, er ist ein Zustand, der höchste geistige Bewusstheit erfordert. Doch einige dieser Menschen stellen sich unter dem Tod eine recht statische Seinsform vor, in der man sich einfach «irgendwie» oder teilnahmslos befindet. Verständlicherweise bedingt diese Erwartung eine passive Haltung. Die Tatsache, dass man aktiv und willentlich durch bestimmte Entwicklungsprozesse hindurchgehen muss, ist für diese Menschen befremdlich, denn das wurde nicht in ihrem Denk- und Vorstellungsschema angelegt. Im aufklärenden Gespräch wirken solche Verstorbene sehr verunsichert, sie wiederholen immer wieder Sätze wie zum Beispiel: *«Das hat man uns nicht so beigebracht»* oder *«Der Lehrer in der Schule hat das früher nie so gesagt»* oder *«Der Pfarrer hat uns das anders erzählt.»* Die geistige Passivität, die hier anerzogen wurde, wie auch die fehlende Verlebendigung des eigenen Glaubens stellen hier also ein gewisses Problem dar.

Auch Sätze wie «Ruhe in Frieden», die stets in Verbindung mit dem Tod ausgesprochen werden, prägen sich tief ein und erzeugen falsche Vorstellungen von dem, was für einen Verstorbenen erstrebenswert wäre. Hinter diesem Ausspruch steckt zwar eine tiefe Weisheit, die den Menschen in früheren Zeiten noch bekannt war: Man wusste damals, dass dem Toten *auf der astralischen Ebene* seine Kamaloka-Zeit bevorsteht, in der er all seinem Seelenleben begegnet. Dies ist häufig eine schmerzhafte, herausfordernde Auseinandersetzung mit den eigenen Seelenabgründen. Für diese Selbstkonfrontation wünschte man dem Toten Ruhe und Seelenfrieden. Das Wissen um diese Zusammenhänge ist mit der Zeit jedoch verloren gegangen. Von dem ursprünglichen Weisheitskern ist eine Worthülse übrig geblieben, die angesichts des Todes bei vielen Gläubigen die allgemeine Erwartung eines passiven, hinnehmenden Zustands erzeugt.

11. Intellektualisierte und dogmatische spirituelle Vorstellungen

Eine weit weniger berücksichtigte Gruppe von hängen gebliebenen Äthertoten wird von Menschen gebildet, die während ihrer Inkarnation sehr dogmatische spirituelle Ansichten bzw. festgefahrene gedankliche Vorstellungen über geistige Zusammenhänge entwickelt haben. Anders als bei denjenigen, die kirchliche Denkkonventionen wenig reflektiert übernehmen, geht es hier um Menschen, die sich durchaus persönlich und bewusst mit spirituellen Themen auseinandersetzen. Sie tun dies jedoch in einer intellektualisierten, starrsinnigen und lehrhaften Weise.

Dogmatik jeglicher Art erzeugt einseitiges Gedankengut und starre, unflexible innere Bilder. Da der Ätherleib der Träger unserer Gedanken ist, bewirken rigide Gedankenbildungen eine Verhärtung des Ätherleibs, der sich dann nach dem Tod schwer auflösen kann. In diesen Fällen bleiben die Verstorbenen recht kompromisslos im Gehäuse der eigenen Vorstellungen und verwechseln dieses mit der tatsächlichen ätherischen Welt, die sie nun umgibt. Die Auflösung ihres Ätherleibs findet zunächst nicht statt, da die feste Struktur ihres gedanklichen Gefüges bestehen bleibt und ihr verhärteter Ätherleib seine persönlichen Grenzen beibehält. Man findet hier beispielsweise stark intellektuell veranlagte «Theosophen», verstockte «Esoteriker» oder doktrinär ausgerichtete «Anthroposophen» vor.

Solche Verstorbene suchen dort Anschluss, wo inkarnierte Menschen ähnliche Schwingungsfelder bieten und vergleichbare Gedankenbilder erzeugen. Von daher sind sie nicht selten in theologischen Lehrhäusern oder in anthroposophischen Zweighäusern anzutreffen. Ihr Fokus bleibt auf diejenigen Orte gerichtet, die in gewisser Hinsicht den Mittelpunkt ihres eigenen Innenlebens gebildet haben. Dort vertreten sie weiterhin ihre persönlichen Vorstellungen in Bezug auf geistige Ordnungen und beeinflussen die dort wirkenden inkarnierten Menschen in ihrer Meinungsbildung und in ihrem Geltungsbedürfnis. Dies erschwert das soziale Gefüge in solchen Einrichtungen, denn anders gelagerte Impulse inkarnierter Menschen werden als abwegig betrachtet und entsprechend bekämpft. Aus geistiger Dogmatik entstehen so regelrechte Machtkämpfe. Streit- und

Zwistwesen kommen hinzu, in manchen Fällen auch dämonische Wesenheiten, und nutzen die Gegebenheiten, um die vorhandenen negativen Energien noch zu verstärken. So werden chaotisierende Zustände, chronisches Misstrauen und andauernde Streitigkeiten geschürt. Die inkarnierten Menschen bemerken dies nicht bewusst, sie wundern sich allerdings ob der dort massiv auftretenden sozialen Probleme und beklagen die missliche Situation.

Es ist also ein Irrtum, davon auszugehen, dass diejenigen Verstorbenen, die sich zu Lebzeiten mit spirituellen Themen beschäftigt haben, ohne Weiteres als «gute Helfer» für die Erdenwelt wirken. Lediglich «gedachtes Geistiges» bedeutet keine Garantie für eine gesunde Weiterentwicklung nach dem Tod. Vielmehr sind gedankliche und seelische Beweglichkeit, Toleranz und Herzensoffenheit Voraussetzungen für eine vorurteilslose Wahrnehmung der geistigen Welt und für einen harmonischen nachtodlichen Verlauf.

12. Selbstmord

Ein ganz besonderes Augenmerk bezüglich der nachtodlichen Entwicklung steht Menschen zu, die sich selbst das Leben genommen haben. Die gesellschaftlichen Meinungen über Suizid sind tief gespalten: Auf der einen Seite wird Selbstmord als selbstzerstörerische Handlung betrachtet und auf das Schärfste verurteilt; auf der anderen Seite wird dieser Tat, vor dem Hintergrund der Selbstbestimmung des Menschen, Verständnis entgegengebracht.

Selbstmord ist keinesfalls eine Randerscheinung. In Deutschland sind es ca. 10.000 und weltweit ca. 1 Million Menschen, die sich *jährlich* das Leben nehmen! Hierzulande sterben mehr als doppelt so viele Menschen durch Suizid als aufgrund von Verkehrsunfällen. Hinzu kommen noch die unerkannten Suizide wie beispielsweise unklare Verkehrsunfälle, unbemerktes Absetzen von lebenswichtigen Medikamenten, Verweigerung von Nahrung in Altersheimen usw. Statistisch betrachtet hängen ca. 50 Prozent der Suizidfälle mit Depressionen zusammen, weitere 40 Prozent mit Psychosen, Suchterkrankungen (Alkohol- und Drogenmissbrauch) sowie mit sexuellem Missbrauch. In den anderen 10 Prozent der Fälle liegen belastende Seelenzustände vor, die durch traumatische Erfahrungen oder durch Lebenskrisen hervorgerufen wurden.[1]

Hinter jedem einzelnen Fall verbirgt sich ein ganz individuelles Schicksal, das von Schmerz und Verlust, von Einsamkeit und Verzweiflung, von Angst und Aussichtslosigkeit erzählt. Die Gründe, die zu einer solchen Tat führen, sind jeweils vielfältig und komplex, doch nahezu allen Selbstmordfällen ist eines gemeinsam: Suizid ist eine existenzielle Verzweiflungstat und trägt somit die Signatur einer tragischen Lebensentscheidung. Die Betroffenen empfinden ihre Situation als hoffnungslos und unerträglich und sehen keinen anderen Ausweg, als ihrem «Dasein» ein Ende zu bereiten.

Wenn man einen solchen Menschen jenseits der Schwelle begleitet, nimmt man zunächst seinen Schrecken darüber wahr, dass seine Selbsttötung weder sein Sein noch sein Leiden beendet hat. Voller Bestürzung begreift er, dass er lediglich seinen physischen Leib zerstört hat; die Probleme, die er auslöschen wollte, und sein bedrückendes Seelenempfinden bleiben Teil seines Wesens. Seines leiblichen Instrumentes beraubt, hat er nun keine Möglichkeit mehr, in den eigenen irdischen Werde-

1 Stefan P. Rübeneck: «Todesursache Suizid». In: Statistisches Bundesamt Wiesbaden, Auszug aus *Wirtschaft und Statistik*, 10/2007, Wiesbaden 2007.

gang einzugreifen und diesen zu verändern oder neu zu gestalten. – So weit stimmen die Erlebnisse fast aller Suizidenten überein. Ab hier bilden sich jedoch unterschiedliche Erfahrungswelten, die das Erleben der betroffenen Äthertoten ausmachen.

Die meisten Suizidenten bleiben zunächst in den Gefühlen, Ängsten, Verzweiflungsausbrüchen und Zerrissenheitserlebnissen gefangen, die dem Suizid vorangingen. Alle Begleitumstände wie auch die Tat an sich werden wieder und immer wieder erlebt. Die zerschmetternde Einsicht, dass es nun kein Zurück mehr gibt, verstärkt ihr Empfinden von Reue und Hoffnungslosigkeit. Hinzu kommen Schuldgefühle gegenüber den Hinterbliebenen und der Wunsch, die Selbsttötung rückgängig zu machen. Sie erleben sich gefangen in einem Kokon aus stets wiederkehrenden dunklen Gedanken und Empfindungen, aus dem sie sich nicht befreien können. Dies ist, lapidar gesagt, mit einem albtraumartigen Psychothriller vergleichbar, bei dem sich die schrecklichsten Szenen unaufhörlich wiederholen.

Vor einigen Jahren erfuhr ich, dass ein Künstler, den ich sehr geschätzt hatte, sich das Leben genommen hatte. Er war ein vitaler Mann im besten Alter gewesen, hochbegabt, vielseitig und temperamentvoll. Gleichzeitig war er ein bemerkenswert feinsinniger Mensch. Er ging durch mehrere Lebenskrisen hindurch, die ihn ganz aus dem Gleichgewicht warfen. Mit der Zeit wurde er depressiv, zerstritt sich mit den meisten ihm nahestehenden Menschen und beendete eines Tages gewaltsam sein Leben.

Ich versuchte, ihn geistig wahrzunehmen, und fand ihn in einem erschreckenden Zustand vor. Er erlebte sich in einer von Schwärze durchzogenen Sphäre, in welcher er ununterbrochen das Empfinden hatte, ins Bodenlose, in einen nicht enden wollenden Abgrund zu stürzen. Um sich herum nahm er bedrohliche, dämonische Wesenheiten wahr, die ihn bedrängten und quälten. Dabei hatte er das Gefühl, dass sein Wesen ständig zerrissen und zerfetzt würde. Von ihm selbst ging ein markerschütternder, unaufhörlicher Schrei aus. Diese Szenerie war kaum auszuhalten, sein Zustand war entsetzlich.

Ein Gespräch mit ihm war mir damals nicht möglich, sein Bewusstsein war ganz in dieser finsteren Erlebniswelt gefangen. Doch ich konnte wahrnehmen, dass ihn viele Menschen innerlich begleiteten und für ihn beteten. Er blieb zwar für lange Zeit in dieser schauderhaften Szenerie gefangen, doch irgendwann begann ein Teil seines Wesens die liebevollen Gesten seiner Hinterbliebenen zumindest ein wenig wahrzunehmen. Sie flossen wie zarte, leise Lichtfäden in seinen zerstörungswütigen Albtraum ein und wurden mit den Monaten zu einem Fluss aus Licht, der durch die Dunkelheit seines Erlebens zu seinem inneren Wesen durchdrang.

Bei einer späteren Begegnung mit ihm konnte ich wahrnehmen, dass er begonnen hatte, das Christus-Wesen zu bemerken, das hinter seiner dunklen Erlebniswelt aufleuchtete. Ab da fing in ihm ein aktiver innerlicher Dialog zwischen Licht und Finsternis an. Auch wenn er diese Sphäre eine weitere Zeit lang noch immer nicht verlassen konnte, so hatte er zumindest einen wirklichen Anhaltspunkt außerhalb seiner Dunkelheit gefunden.

Viele Menschen sehen sich nach ihrem Selbstmord mit ähnlich fürchterlichen Erlebnissen konfrontiert. Doch Suizidenten werden keinesfalls von außen an einen «Schreckensort» gebannt, wie es manchmal fälschlicherweise angenommen wird. Ihr eigener Seelenzustand spiegelt sich im Erleben düsterer, enger, furchteinflößender Szenarien, in welchen sie als «Erlebnisort» gefangen bleiben. Verwirrung, Angst, Selbstvorwürfe, Scham und Reue quält sie, sie können sich selbst nicht verzeihen oder sind der Überzeugung, dass ihnen keine Vergebung zusteht.

Gleichzeitig schrecken sie zunächst auch vor den Lichtwesen der Geistwelt zurück, die ihnen eine Hilfe sein könnten.

Es gibt auch die Gruppe der Selbstmörder, die überhaupt nicht bemerken, dass sie ihren physischen Leib abgelegt haben. Da sich ihr verwirrter, peinigender Seelenzustand nach der Tat fortsetzt, nehmen sie die stattgefundene Veränderung nicht wahr. Der brennende Wunsch, dem Ganzen ein Ende zu bereiten, bleibt ihnen erhalten. So haben sie weiterhin den Impuls zur Selbsttötung und drehen sich verzweifelt im Karussell ihrer qualvollen Seelenerlebnisse. Von der falschen Vorstellung ausgehend, dass mit dem Tod alles aus und vorbei sein müsste, fürchten sie nun andere Verstorbene oder Engelwesenheiten, die an sie herantreten, und versuchen, vor ihnen zu flüchten.

Die Begleitung durch Angehörige ist allen Suizidenten Hilfe und Trost. Doch man kann sie nicht aus den Zwischenreichen, in denen sie sich befinden, in der gleichen Weise herauslösen, wie das sonst bei anderen hängen gebliebenen Äthertoten möglich ist. Oftmals liegen hier schwerwiegende Besetzungen durch andere Verstorbene, durch astrale Krankheitswesen oder durch dämonenhafte Wesen vor, die den Selbstmörder erst in seine Situation gebracht haben. Diese Besetzungen zu durchschauen und aufzulösen ist eine Aufgabe für sich.

Das, was wir grundsätzlich für Suizidenten tun können, ist zum einen, sie ohne Vorwürfe zu lieben und ihnen zu verzeihen. Das macht es ihnen leichter, sich selbst zu verzeihen und die Liebe der geistigen Welt anzunehmen. Gleichzeitig ist es ganz entscheidend, sich innerlich klar von ihnen abzugrenzen und ihnen zuzumuten, durch die Erfahrungen hindurchzugehen, die ihre Selbsttötung impliziert. Diese Lektion will gelernt werden, jegliches Ausweichen verzögert lediglich den weiteren Lern- und Entwicklungsprozess. Ein mitfühlendes, jedoch unsentimentales Vorgehen und, wenn nötig, auch eine «harte Hand» sind also hier notwendig, damit der Suizident vorankommen kann und nicht zu einer massiven Belastung für seine Angehörigen wird.

Doch nicht alle Selbstmörder erleben die erste Sphäre nach dem Schwellenübergang in solch erschreckender Weise. Es gibt auch diejenigen, die etwas ruhigere Erfahrungswelten durchlaufen. Auch für sie ist die Einsicht schmerzhaft, bestimmte Lebens- und Entwicklungschancen ihrer aktuellen Inkarnation vertan zu haben. Auch sie verbringen eine Zeit der Einsamkeit in einem eher düster-gräulichen Erlebnisbereich. Doch ihr Erleben gestaltet sich nicht gleichermaßen aufgewühlt und qualvoll.

Während der meditativen Arbeit mit Suizidenten lernte ich eines Tages Titus kennen, einen freundlichen, hilfreichen Verstorbenen, der bereits vor langer Zeit die Erde verlassen hatte. Er hatte in seinem letzten Leben, als junger Soldat im Krieg, Selbstmord begangen. Er war der letzte Überlebende seines Bataillons, und die feindliche Armee war bereits herangerückt. So stand er, schwer verwundet und völlig allein, vor der Entscheidung, ob er sich der unmittelbar bevorstehenden Gefangennahme stellen sollte oder nicht. Er wusste nicht, was diese Gefangenschaft bedeuten würde, ob die gegnerischen Soldaten ihn quälen, töten oder ihn am Leben lassen würden. In der Annahme, etwas Ehrenvolles zu tun, beschloss er, selbst sein Leben zu beenden, und vollzog die Selbsttötung in einer ruhigen, würdevollen Seelenverfassung.

In einer Rückblende zeigte er mir seine damaligen Erlebnisse nach dem Schwellenübergang. Er schwebte über dem Schlachtfeld und beobachtete, wie die gegnerischen Soldaten die leblosen Körper seiner Kameraden, einen nach dem anderen, durchsuchten. Titus spürte, dass die Soldaten Bedauern empfanden, keine Überlebenden zu finden. Sie waren nicht mordlustig;

Gegner am Leben zu lassen und als Gefangene mitzunehmen gehörte zu ihrem Ehrempfinden.

Titus begleitete nun als ätherische Geistgestalt den Zug dieser Soldaten und konnte dabei wahrnehmen, wo er als Gefangener untergekommen wäre. Ihm wurde bewusst, dass sein weiteres Leben dort neue Aufgaben für ihn bereithielt, durch die er sich neue Fähigkeiten und Fertigkeiten angeeignet hätte. Er wäre in der Gefangenschaft zunächst mit der Erfahrung der Demut konfrontiert gewesen, die seine Seelenkonfiguration entschieden geformt und verändert hätte. Weiter wäre er mit einer neuen Kultur, mit neuen Bräuchen und Traditionen, mit den prägenden Eigenschaften und Seelenfarben eines anderen Volkes in Berührung gekommen. So hätte er sein Weltverständnis und dadurch auch sein Wesen bereichert. Mit der Zeit wäre seine Gefangenschaft gelockert worden, er hätte sich auch ein ganz neues Erleben von Freiheit errungen. Titus wurde bewusst, dass er durch seinen Freitod ein wertvolles, erfahrungsreiches Leben verloren hatte. Tiefe Trauer legte sich auf seine Seele.

Sein Wesen kehrte immer wieder zum Schlachtfeld zurück, zur Stelle, an der er sein Leben gelassen hatte. Dort betrauerte er den Verlust seiner irdischen Hülle, überhaupt blieb er mit diesem Ort sehr verbunden. Von dort aus ging er wiederholt auf die Spuren seines nicht gelebten weiteren Erdenlebens und merkte, dass er einige Jahre später eine bestimmte junge Frau gefunden und geheiratet hätte. Er erkannte, dass er sich mit der Seele dieser Frau bereits vor seiner Inkarnation zu einem gemeinsamen Leben verabredet hatte. Dieses Eheleben fand nun allerdings nicht statt. Unbewusst wartete die junge Frau auf ihn, und in ihrer Seele vibrierte, wenn auch kaum merklich, die leise Trauer des Unerfüllten. Weiter waren da auch zwei ungeborene Kinderseelen, die zu dieser Familie dazugehört hätten. Nun blieb ihnen diese Inkarnationsmöglichkeit verwehrt, und sie mussten ihrem Schicksal eine ganz andere Gestaltung geben.

Also alles, was Titus zunächst nachtodlich erlebte, war durchzogen von dem schmerzlichen Gefühl des Nicht-Gelebten, des Versäumten. Das betraf nicht nur ihn, sein Freitod hatte auch für die mit ihm karmisch verbundenen Menschen entscheidende Auswirkungen. Doch trotz dieses ernsten, tiefen Bedauerns war sein Seelenerleben weder agitiert noch qualvoll. Er war nicht in einem Albtraum gefangen, seine Entwicklung bestand aus schwerwiegenden Erkenntnisprozessen, die ihn zutiefst prägten.

Die geistige Arbeit mit Suizidenten zeigt auf, dass der Anteil derjenigen, die nach ihrem Tod einen äußerst schweren Gang zu gehen haben, überwiegt. Ich habe noch keinen Selbstmordfall erlebt, der sich im Nachtodlichen «leicht» gestaltete. Immer hat der Betroffene belastende und schwierige Seelenzustände durchzustehen. Doch der qualitative Erlebnisunterschied kann sehr groß sein, nicht jeder einzelne Fall *muss* unbedingt den Duktus des Verhängnisvollen in sich tragen. Mit der Zeit ist mir bewusst geworden, dass es einige wesentliche Bausteine des Ereignisses gibt, die das nachtodliche Erleben maßgeblich prägen und gestalten.

Die *seelische Verfassung*, die wir zuletzt auf der Erde haben, nehmen wir unabdingbar über die Schwelle mit. Sie ist als Farbgebung des nachtodlichen Erlebens signifikant. Entscheidend ist also, welche Kräfte – und somit welche geistigen Wesenheiten – das Seelenerleben formen oder beherrschen. Prägen Verzweiflung, Hoffnungslosigkeit, Angst oder Ohnmacht das eigene Befinden? Ist die Seele in einer Depression gefangen und somit verdunkelt? – In entsprechenden Erlebnissen findet sich der Suizident nach dem gewaltsamen Schwellenübertritt wieder.

Der seelische Zustand bestimmt auch die *Art des jeweiligen*

Selbsttötungsaktes. Dieser kann sich aggressiv und zerstörerisch vollziehen oder auch träge und scheinbar resigniert. Es besteht ein Unterschied darin, ob man sich einen Dolch in die Eingeweide stößt oder ob man auf dem Sofa liegend Tabletten schluckt. Was die Verantwortung gegenüber dem eigenen Leben angeht, gibt es keine «bessere» oder «schlechtere» Variante des Selbstmords. Doch die *innere Seelengeste der Handlung* wird mit über die Schwelle genommen, wo sie die Erlebniswelt des Suizidenten mitprägt.

Weiter ist die *Intention*, die der Selbsttötung zugrunde liegt, von entscheidender Bedeutung. Was bezweckt der Entschluss, dem eigenen Leben ein Ende zu setzen: Läuft man vor einem Problem davon? Oder wirft man das eigene Leben weg? Oder ist man der Ansicht, dass man auf das eigene Leben verzichtet? – Auch diese Zielsetzung, wenngleich sie meist unbewusst stattfindet, zeigt ihre Wirkung jenseits der Schwelle.

Ein weiterer entscheidender Aspekt ist der *geistige Zustand* des Suizidenten. Liegt eine psychische Erkrankung vor, oder scheidet der Mensch bei recht klarem Verstand aus dem Leben? Psychisch kranke Menschen leben häufig in den Schreckensszenarien weiter, die sie bereits durch die Erkrankung in sich getragen haben, und erkennen manchmal nicht, dass sie überhaupt gestorben sind. Wenn sie sich dessen bewusst werden, dass sie die Schwelle überschritten haben, sehen sie sich vor die Schwierigkeit gestellt, ihr Leben nicht ganz als das eigene zu erkennen. Sie können schwer unterscheiden, was ihr Eigenes und was der Einfluss der Erkrankung gewesen ist.

Ein Mann mittleren Alters, der infolge seiner psychischen Erkrankung Selbstmord beging, berichtete wenige Tage nach dem Suizid, wie er das Wesen seiner Erkrankung bereits zu Lebzeiten erlebt hat:

«Von der Stimmung her war sie (die Erkrankung) *schon immer da, dieser Schatten war schon im Elternhaus da. Ich habe sie also nicht als einen Einschnitt erlebt, lediglich als Präsenz, die auf einmal nach vorne tritt und die Oberhand übernimmt. Ich dachte, sie sei die Wahrheit, sie sei ich. Ich habe nicht gemerkt, dass ich in ihr verschwand. Sie hatte so lange gelauert und ist in mein Bewusstsein hineingeschlichen, ich dachte, das sei ich. Ich hätte ihr nicht viel entgegenzusetzen gehabt … Sie hat mein Ich übernommen, weil ich nie selbst mein Ich gefühlt hatte. Das Leben war wie ein Film, in dem man sich nicht auskennt und irgendwie aber doch mitspielt, ganz verunsichert und diffus. Und dann denkt man, man sei selbst diese Rolle geworden … Ich habe Wahnvorstellungen gehabt, die nichts mit der Welt zu tun hatten, Produkte einer verzerrten Innenwelt, quälend – aber alternativlos. Das ‹Gehen-Wollen›* (also die Selbstmordabsicht) *hat sich eingeschlichen, aus Zermürbung, aus einer Aussichtslosigkeit heraus. Ich wusste nicht, wie ich da anders herauskommen sollte …»*

Die Situation des Selbstmords beschrieb er folgendermaßen:

«Ich bin weggelaufen vor Wahnvorstellungen … Kurzschluss … Panik … Es war, wie wenn eine Sicherung durchgebrannt wäre. Ich sehe das Wasser der Krankheit über mir, ich laufe davor weg, aber es ist immer bei mir. Es redet mir irre Sachen ein, ich bin völlig irre davon, weiß gar nicht, was mir geschieht, verstehe nichts mehr. Habe keinen Anker, keinen Verstand, der mich hält, es ist ein Strudel von Nichts, das mich belagert. Ich bin gerannt, gelaufen, entkoppelt von der Welt. Später habe ich Verfolgungsfantasien gehabt, alles war wie ein Albtraum, in dem man lebendig gefangen ist.»

Den eigenen Tod möchte der Mann jedoch nicht anschauen. Er schreckt davor zurück, kann die Tat kaum fassen, versteht nicht, ob sie tatsächlich stattgefunden hat. Überhaupt kommen ihm viele Bilder seines Lebens fremd vor, so, als ob sie nicht ganz zu ihm gehören würden. Manches Gewesene begreift er nun umfassender, doch vieles verwundert ihn sehr. Es wirkt so, als ob er einen Film anschauen würde, bei dem er nur einzelne Sequenzen wiedererkennt. Der Rest seines Lebens ist ihm nicht vertraut. – Nach einem längeren Gespräch antwortet er auf die Frage, ob er sich selbst verzeihen kann:

«Ich weiß noch nicht, was von alledem ich verzeihen soll. Was davon war ich?»

Ich frage die anwesenden Engel, was nun mit ihm geschehen wird. Sie geben mir zu verstehen, dass er erst lernen muss, einen Bezug zum gelebten Leben zu bekommen. Danach wird er in einen Bereich geführt, wo sein Wesen Ruhe und Heilung finden kann. Es ist ein geistiges «Gesundungshaus», vergleichbar mit einem Sanatorium, wo er, umgeben von helfenden geistigen Wesenheiten, längere Zeit verbringen wird. Wie schwer kranke Menschen Fieberdelirien mit bedrückenden Fantasien erleben, so wird auch er sich immer wieder mit seiner Tat und mit seinem Leben konfrontiert sehen. Der Prozess, der für ihn ansteht, ist nicht leicht, doch Schritt für Schritt wird er den Bezug zu seinem eigenen Wesen wieder finden.

Neben dem seelischen und dem geistigen Aspekt zum Zeitpunkt des Suizids kommt noch der physische Zustand hinzu, in dem sich der Suizident befindet. Für das Wesensgliedergefüge des Menschen macht es einen Unterschied, ob jemand sich mitten im Leben aus einem gesunden physischen Leib gewaltsam herausreißt, oder ob er sich aus einem Körper herauslöst, der sich bereits im Prozess des Sterbens befindet. – Dies soll keinesfalls als Argument im Sinne der Sterbehilfe bei alten oder schwer kranken Menschen verstanden werden. Es soll lediglich zu Bewusstsein führen, dass es für die Wesensglieder eine Rolle spielt, in welcher Weise sie sich aus dem Irdischen herauslösen müssen. Das eigene innere Wesen erlebt *immer* Schmerz bei dieser Art des Todes, nur die Qualität des Schmerzes ist dabei unterschiedlich.

Von geistiger Warte aus gesehen bedeutet Suizid grundsätzlich ein abgebrochenes, nicht abgerundetes Leben. Das Lebensgemälde ist nicht vollendet, sein Farbspektrum ist nicht ausgeschöpft, seine Landschaften sind nicht ausgemalt, ihm fehlen bestimmte Pinselstriche und Nuancierungen. Umso mehr ist es unsere Aufgabe, einem Menschen, der in dieser Weise sein Leben beendet, Mitgefühl, Verständnis und inneres Licht entgegenzubringen. Einen Selbstmörder zu verurteilen belastet seinen ohnehin schwierigen Zustand; ihm jedoch Vergebungskräfte und Vertrauen für seinen weiteren Weg zu schenken vermittelt ihm wieder Würde und Aufrichtekraft.

Für Hinterbliebene können Suizidtote allerdings eine schwere Bürde sein. Zum einen hat für die Angehörigen das seelisch zu Verarbeitende eine andere Qualität und Dimension, als das bei einem natürlichen Tod der Fall ist. Abgesehen von der Trauer und dem Verlustschmerz, bestehen hier für die betroffenen Familien meist unbeantwortete Fragen nach dem «Warum» der Tat. In vielen Fällen ringen die Hinterbliebenen mit Selbstvorwürfen und sind vom Zweifel geplagt, ob sie alles getan haben, um den Dahingeschiedenen von seiner Tat abzuhalten. Zum anderen kommt hinzu, dass das Bewusstsein der Suizidtoten noch sehr erdennah ist. Somit ist ihr leidvoller, unruhiger, verzweifelter Zustand im unmittelbaren ätherisch-energetischen Feld der Erde spürbar. Häufig umkreisen sie ihre Angehörigen, wollen sich ihnen erklären und sie um Verzeihung bitten. Das hat für die inkarnierten Menschen eine sehr belastende, regelrecht bleiern schwere Wirkung. Sie erleben, wenn auch unbewusst, die Einsamkeit, die Dunkelheit, das Bedauern, die Verzweiflung, welche ständig vom Äthertoten ausgehen. Das kann bei den Lebenden starke Todessehnsüchte bewirken und sich in Depressionen oder Selbstmordgedanken bemerkbar machen.

Mancher Suizident hängt sich in seiner Seelenfinsternis an einen Angehörigen oder Freund, da ihm dieser die einzige Lichtquelle ist, die er wahrnehmen kann. Das schwächt die ätherischen Kräfte des Besetzten in erheblichem Maße. Vor allem Suizidenten, die sich nicht dessen bewusst sind, dass sie bereits tot sind, können eine reale Gefahr für die Hinterbliebenen sein. Um ihrem unerträglichen Zustand ein Ende zu bereiten, können sie versuchen, die Selbsttötung durch den besetzten Menschen erneut auszuführen. Das verstärkt um ein Vielfaches die Selbstmordneigung solcher besetzten Hinterbliebenen.

Umso wichtiger ist ein überaus klarer und bewusster Umgang mit Selbstmördern. Der Unterschied zwischen dem eigenen Verlustschmerz und dem Seelenschmerz des Suizidtoten, der einen vielleicht umkreist, will hier erkannt werden. Die Hinterbliebenen sollten auch, noch deutlicher als sonst, unterscheiden lernen zwischen einem mitfühlenden Begleiten des Toten und einem Besetztsein durch den Toten. Inniges, selbstloses *Tragen* eines Freundes in Not hat eine ganz andere Qualität als ein ätherisch-seelisches *Schleppen* eines ungebetenen Gastes im eigenen Ätherraum. – Wenn man sich vergegenwärtigt, wie hoch die weltweite Anzahl von Suizidenten ist, wird auch schnell klar, dass eine ungeahnt große Anzahl von Hinterbliebenen ebenfalls von dieser Thematik betroffen ist.

13. Gewaltverbrechen und Morde

Nicht nur Menschen, die Selbstmord begangen haben, bleiben nach ihrem Tod an ihre Tat gebunden. Auch Mörder und Schwerverbrecher können sich in der Ätherwelt vorerst nicht von den verübten Vergehen loslösen. Schwerwiegende Handlungen bannen den Täter immer an die Zerstörungskräfte seiner Tat. Während ihres Lebensrückblicks sehen sich solche Verstorbene mit dem grausamen Unrecht konfrontiert, das sie begangen haben. Aus dieser Perspektive heraus empfinden sie schreckliches Entsetzen über das eigene Tun, verurteilen sich selbst und sehen sich nicht als würdig an, Vergebung zu erfahren.

In einigen Fällen bleiben auch die Opfer von Gewalt- und Mordtaten zunächst an die erlittene Qual gefesselt, dies ist jedoch keinesfalls zwingend. Ob ein Verbrechen von der Täter- oder von der Opferseite her erlebt wird, in beiden Fällen handelt es sich um tiefste Erschütterungen und Verletzungen der eigenen Seele, die diese nicht verarbeiten kann. Der Betroffene bleibt in seinem traumatisierenden Vorstellungsinhalt gefangen, durchlebt immer und immer wieder das Unrecht, das er begangen hat, oder das Verbrechen, das ihm angetan worden ist.

Im folgenden Beispiel wird ein Fall aufgezeigt, in dem der betroffene Mensch sich auf der ätherischen Ebene sowohl in der Täter- als auch in der Opferrolle wiederfindet. Beide Seiten erlebt er in ihren verheerenden Auswirkungen:

Ein junger Mann hatte den klassischen Weg eines Kleinkriminellen eingeschlagen. Ihn zeichneten durchaus Herzenswärme und eine gewisse kirchlich-religiöse Prägung aus; doch seine innere Labilität bot ihm keinen ausreichenden Halt, um den Teufelskreis zu durchbrechen, in den er hineingeraten war. Er hatte mit Betrug und mehrfachen Diebstählen begonnen, es folgten wiederholt schwerere Delikte, woraufhin er die Kleinstadt, in der er lebte, verließ. Sowohl einige der Geschädigten als auch die Polizei suchten ihn. Er tauchte unter, versuchte mehrmals, neu anzufangen, was ihm jedoch nicht gelang. Die

Liste seiner Straftaten wurde immer länger, der Schweregrad seiner Verbrechen immer gewichtiger. Er floh ins Ausland, und seine Spur verlor sich für längere Zeit.

Einige Jahre später fand ich ihn vor – als Äthertoten, der sich in einem düsteren, engen Bereich eingegrenzt sah. Er erlebte seine Umgebung als einen gräulichen Nebel, in dem er von merkwürdigen Gestalten ständig hin- und hergezerrt wurde, sodass er keinen einzigen Augenblick zur Ruhe kommen konnte. Sein Wesen schien von fürchterlichen Erlebnissen gequält zu sein, schreckliche, zerstörerische Bilder erfüllten sein Seelenleben. Hinzu kamen Selbstvorwürfe und die martervolle Überzeugung, keine Vergebung zu verdienen. Die Szenerie erinnerte stark an die Bereiche, in denen man Selbstmördern begegnet, auch wenn hier einige Aspekte anders gestaltet waren. Im Hintergrund vernahm der Äthertote größere dunkle Wesenheiten, die den Schauplatz bewachten und dafür sorgten, dass er diesen Bereich nicht verlassen konnte.

Im gemeinsamen Gespräch verstand ich, dass der junge Mann auf eine grausame Weise umgebracht worden war. Sein Lebensweg hatte sich in immer gravierendere kriminelle Machenschaften verfangen, woraufhin er, aus Rache, von anderen Verbrechern ermordet wurde. Die Männer, die auf ihn angesetzt wurden, töteten ihn auf eine bestialische Art. Das Erleben, wie sein Leib brutal misshandelt und zerstört wurde, war für ihn eine unerträgliche, schockierende Erfahrung, die er seelisch kaum bewältigen konnte. Er blieb in diesen Bildern gefangen und konnte sich nicht davon lösen. Darüber hinaus peinigten ihn die eigenen Vergehen und das schwere Unrecht, das er anderen Menschen angetan hatte. Er litt also als Opfer und als Täter zugleich, beides band ihn an die Schreckensszenarien seines Lebens, die er ständig von Neuem erlebte. Sein innerer Blick war ganz auf diese Vergangenheitsaspekte fixiert. Er war weder in der Lage, seinen Peinigern zu vergeben, noch war er fähig, sich selbst zu verzeihen. Auch war er sich dessen gewiss, dass seine Strafe nun darin bestand, in diesem düsteren Bereich, in dem er sich befand, gefangen zu bleiben.

Nach einem längeren aufklärenden Gespräch war es ihm möglich, seine Aufmerksamkeit auf seinen Engel zu richten, was in ihm eine gewisse Beruhigung bewirkte. Als ich ihm weitere geistige Zusammenhänge darstellte, begriff er, dass er sich selbst verdammte und sich somit an diesen Zustand band, an den er sich für alle Ewigkeiten gefesselt glaubte. Er sog nun tief das Licht in sich auf, das er auf einmal um sich herum wahrnahm, und war überwältigt von der Liebe und Güte der Wesenheiten, die ihn umgaben.

Dann war ihm auch die Begegnung mit dem Christus-Wesen möglich, das im Hintergrund aufleuchtete. Es war zutiefst bewegend mitzuerleben, wie dieser junge Verstorbene, der seit Jahren in einem qualvollen Zustand zwischen den Welten verharrte, nun in die Knie sank und die bedingungslose, ewige Liebe des Christus-Wesens in sich einströmen ließ. Jetzt war er bereit, sich selbst und seinen Mördern zu verzeihen und gemeinsam mit seinem Engel diese Sphäre des Grauens zu verlassen.

Der Weg eines Verstorbenen, der über einen so langen Zeitraum regelrechte Qualen erlitten hat, führt nicht aus der Ätherwelt direkt in die Astralsphäre. Seine Seele ist vom Erlebten erschüttert und erschöpft, er muss erst einen gewissen Grad an innerer Heilung erfahren und zu einer neuen Seelenstärke kommen. Erst dann kann er die weitere Entwicklung angehen, die ihm in der Astralwelt bevorsteht. Aus diesem Grund wird ein in dieser Weise traumatisierter Äthertoter in einen Bereich geführt, ähnlich einer «Klinikeinrichtung», in der entsprechende Erholungs- und Heilungsräume vorhanden sind. Dieses Geistgebiet ist eine Art

Vorstufe zur Astralwelt. Astralverstorbene aus der höheren Seelenwelt und Devachanverstorbene leisten dort Dienst und betreuen jeden bedürftigen Neuankömmling. Der gesamte Bereich ist der Führung höherer Engelwesenheiten unterstellt.

Die hier zu behandelnden Verstorbenen verbringen unterschiedlich lange Zeiten an einem solchen Ort. Ihr innerer Zustand ist an den Lichtverhältnissen ihrer Umgebung erkennbar: Je verstörter und düsterer ihre Seelenstimmung ist, desto abgedunkelter und abgeschirmter scheint ihr Raum zu sein. Je stärker sie Heilung erfahren und je mehr Seelenkraft sie schöpfen, desto lichter wird der sie umgebende Raum. Den jungen Mann, der hier zuletzt beschrieben wurde, fand ich über mehrere Monate hinweg an einem solchen Genesungsort vor. Sein Zustand verbesserte sich schrittweise, er vollzog wichtige innere Prozesse, die es ihm dann ermöglichten, den wirklichen Schritt in die Astralwelt zu tun. Die Auseinandersetzung mit seinem Leben wird er dort in einer neuen Weise fortführen.

14. Verfluchungen und schwarzmagische Praktiken

Mit der Wirkung von Flüchen wird ein Bereich betreten, der in unserem aktuellen Kulturraum weniger bekannt ist. Wir denken die Begriffe der Verfluchung und Verwünschung in uralte Zeiten zurück, und sie bilden tatsächlich auch eine Praxis, die bis in früheste Kulturen zurückreicht. Hierzulande begegnen wir diesem Phänomen eher selten im Vergleich zu anderen Erdteilen der Welt, in denen Flüche oder Verhexungen noch stärker zur jeweiligen Volkstradition gehören. Doch in der Arbeit mit Verstorbenen und vor allem bei der Aufarbeitung karmischer Blockaden hat man auch im mitteleuropäischen Raum damit zu tun.

Flüche und Verwünschungen sind astralische Impulse, die negativen Seelenregungen entspringen. Ein Fluch ist also eine gedankliche und emotionale Sendung, die Unheil über einen Menschen bringen soll. Somit bindet die Verfluchung negative, zerstörerische Energien, die den betreffenden Menschen in einer bestimmten Weise belegen und seine Befindlichkeit oder Entwicklung zu seinem Nachteil beeinflussen sollen. Hinter diesem Impuls stehen Seelenregungen wie Wut, Hass, Eigensucht, Machtgier, Neid, Missgunst, Eifersucht, Rachegelüste oder auch Ohnmachtsgefühle. Auf diese Weise erzeugte Energien werden stets von Widersachermächten begleitet, das bedeutet, dass hier dunkle Wesenheiten und Dämonen unterschiedlicher Couleur mit am Werk sind.

Flüche können bewusst oder auch eher beiläufig ausgesprochen werden, ihre Wirkung kann sehr einschneidend oder auch weniger stark sein. Sie sind mit einer Lanze vergleichbar, die man auf jemanden wirft. Diese kann mehr oder weniger gefährlich treffen, je nachdem wie gezielt und geschickt sie abgeworfen wurde. Die innere Haltung des potenziellen Opfers spielt dabei eine maßgebliche Rolle: Der Angegriffene kann voller Angst erstarren und die volle Wirkung des Wurfs abkriegen. Er kann aber auch den Wurf beispielsweise mit einem Schild abwehren. Wenn der Verfluchte sich also dem Fluch gegenüber als ohnmächtig und ausgeliefert empfindet, so lässt er die Energie, die auf ihn einwirkt, zu und bietet Angriffsflächen, die ihn verletzlich machen. Reagiert er mit Empörung oder Wut, so gewinnt die negative Energie sogar an Kraft und wird noch machtvoller. Wenn er sich jedoch in seinem Ich verankert und ein Bewusstsein davon bildet, dass er in seinem geistigen Kern unantastbar ist, erzeugt er einen geistigen Schutzschild, der ihn energetisch abschirmt.

Neben Verfluchungen und Verwünschungen gibt es auch

schwarzmagische Manipulationen und Praktiken. Diese werden mit gezielterer Intention umgesetzt und haben somit auch weit mehr Zerstörungspotenzial. Schwarzmagische Handlungen entstammen bewussten Willensimpulsen, die *ichhafter Natur* sind. Rudolf Steiner beschreibt schwarze Magie als einen Egoismus, der zu selbstsüchtigen geistigen Taten führt: *«... die schwarze Magie beginnt da, wo okkulte Tätigkeit hineingetragen wird in die Welt, ohne dass man in der Lage ist, zuerst seine Interessen zu Weltinteressen auszudehnen, ohne dass man andere Interessen mehr schätzen kann als seine eigenen Interessen.»*[2] Hier liegt also ein Wissen um geistige Zusammenhänge vor, doch der daraus hervorgehende Umgang mit spirituellen Kräften steht nicht im Dienste der Welt, sondern wird missbräuchlich für eigene Belange genutzt. Menschen, die dunkle Praktiken durchführen, sind immer von schwarzmagischen Wesen und Dämonen besetzt.

Sowohl Flüche als auch schwarzmagische Handlungen können über weitreichende Zeiträume wirken. Sie können unterschiedlichste Blockaden erzeugen und bestimmte Entwicklungsvorgänge, sowohl im inkarnierten als auch im exkarnierten Zustand, hemmen. Man trifft auf allen nachtodlichen Ebenen Verstorbene, die sich aus solchen Verstrickungen nicht losgelöst haben: Menschen, die sich zu Lebzeiten mehr oder weniger bewusst dunklen Praktiken hingegeben haben und nun besetzt bleiben oder sich an andere Seelen anheften; andere, die sich gerne daraus befreien würden und nicht wissen wie; und solche wiederum, die sich willentlich an diese Mächte halten und vorsätzlich in ihrem Sinne weiterwirken.

Wenn man, um nur ein recht leicht nachvollziehbares Bei-

2 Rudolf Steiner: *Welche Bedeutung hat die okkulte Entwicklung des Menschen für seine Hüllen und sein Selbst?*, GA 145, Dornach [7]2015, S. 160.

spiel heranzuziehen, Erlösungsarbeit in ehemaligen Konzentrationslagern des Nationalsozialismus oder in früheren Foltergefängnissen kommunistischer Staatssysteme durchführt, findet man hängen gebliebene Verstorbene vor, die in schwarzmagischen Ordnungsketten eingebunden waren und es noch immer sind. Vom Gefängniswärter bis hin zum Befehlshaber, vom sogenannten Mitläufer bis hin zum Gefangenen, der selbst zum Täter geworden ist, trifft man auf Seelen, die sich in unterschiedlichen Schweregraden mit dem Schwarzmagischen verbunden haben. Irgendwann hat jede dieser Seelen eine mehr oder weniger vorsätzliche Entscheidung getroffen, sich mit dem Bösen zu verbinden. Solche Seelen sind nach ihrem Schwellenübergang weder frei noch erlöst, sie bleiben überschattet und belegt von der Schwärze der Kräfte, denen sie sich verpflichtet haben.

In früheren Zeiten und heute mehr denn je fußt das Schwarzmagische gerne im ahrimanischen Element und kann also am leichtesten da anknüpfen, wo Egoismus und Machtbestreben nicht mehr nur einer Seelenregung, sondern einer willenshaften Entscheidung entspringen. Unsere heutige Welt ist stark davon unterwandert, auch wenn in unserer Gesellschaft so gut wie kein Bewusstsein dafür vorliegt. In bestimmten Strukturen der Wirtschafts-, Finanz- und Banksysteme, in manchen Bereichen der modernen Technik sowie in gewissen politischen Machtordnungen begegnet man dem Wirken schwarzmagischer Einflüsse durch entsprechend belegte und belegende Verstorbene.

Diese Verstorbenen benötigen, mehr als alle anderen, ein erlösendes Bewusstsein seitens der inkarnierten Menschen. Doch hier reicht es nicht aus, Aufklärungsarbeit zu leisten, Liebes- und Vergebungskräfte hinzuschicken und auf die Verbindung mit dem eigenen Engel aufmerksam zu machen. Das Wesen solcher Verstorbener muss von den schwarzmagischen Anteilen regelrecht «gereinigt» werden. Diese *Reinigungsarbeit* geschieht mithilfe geistiger Helfer aus dem Devachan-Bereich, die ichhaft wirken und explizit für diese Arbeit vorbereitet sind.

*

Auf die gesamte Ätheraura der Erde geschaut, kann zusammenfassend festgestellt werden, dass die nachtodliche Entwicklung der Menschen in erhebliche Unordnung geraten ist. Es gibt selbstverständlich diejenigen Verstorbenen, die sich in einer lichten Weise von der Erde lösen und ihren weiteren Weg mit offenem Herzen, in einem ganz natürlichen und gesunden Entwicklungsrhythmus beschreiten. Es ist eine Freude, sie zu begleiten und sich auf ihr Aufgehen in immer höhere Sphären hinein einzustimmen. Doch dieser bisher angenommene Regelverlauf jenseits der Schwelle ist keinesfalls mehr eine selbstgeltende Gesetzmäßigkeit, denn es gibt genauso viele Seelen, denen diese Entwicklungsprozesse nicht in einer gesunden, harmonischen Weise gelingen. Die konkrete Arbeit mit Verstorbenen zeigt deutlich auf, dass ein erheblicher Teil der Menschheit auf der ätherischen Ebene verbleibt und die entsprechende Aura der Erde massiv belastet. Die Ätherräume, die die Erde eigentlich beleben und stärken sollten, sind gestaut und übervölkert von hilfebedürftigen Seelen, die auf Begleitung und tatkräftige Hilfe angewiesen sind. Diese Tatsache ist real erfahrbar und ruft uns dazu auf, Verantwortung für diese Bereiche zu übernehmen, die unmittelbar in unsere irdischen Räume hineinwirken. Umso ermutigender ist es, wahrzunehmen, dass schon ein Fünkchen Bewusstsein, gepaart mit aktiver Unterstützung, hier deutlich Wirkung zeigt und konkrete Veränderungen ermöglicht.

Wenn Kinder sterben

> Es geht nicht darum, das Kind loszulassen,
> welche Mutter, welcher Vater könnte sein
> geliebtes Kind loslassen?
> Es geht darum herauszufinden, was die Botschaft
> dieses Kindes für dich war,
> wie hat es dich verändert,
> wie viel Liebe ist in dir gewachsen,
> was hat also dein Kind aus dir herausgeliebt?
> Wie viel neue Liebe ist in dir gewachsen?
> Dein Suchen wird dir helfen,
> die Spur deines Kindes in dich aufzunehmen
> und weiterzutragen.
>
> *Anselm Grün*

Ein Kind zu verlieren bedeutet, den größtmöglichen seelischen Schmerz zu durchleben, dem ein inkarnierter Mensch ausgesetzt werden kann. Anders als beim Verlust der eigenen Eltern, der nahen Freunde und sogar des Lebenspartners wird hier unser gesamtes Wesen in einer nie zuvor geahnten Weise auf die Probe gestellt.

Wenn Kinder sterben, ist es auch von der geistigen Warte aus eine besondere Situation. Doch im Gegensatz zur tiefen Verzweiflung und zum Vernichtungsschmerz, den die hinterbliebene Familie erlebt, herrscht in der geistigen Welt besonders viel Licht und Liebe beim Empfang der Kinderseelen. Engelwesenheiten und vertraute Verstorbene nehmen sich sogleich den Neuankömmlingen an, umsorgen und begleiten sie in einer freudigen Atmosphäre. Die Kinderseelen können den Schwellenübergang meist spielerisch und unbefangen erleben und fügen sich heiter in die neue Seinsdimension ein.

Die nachtodliche Entwicklung von Kindern unterliegt etwas anderen Gesetzen und Rhythmen, als dies bei Erwachsenen der Fall ist. Kinder sind in ihrer irdischen Zeit normalerweise mit weit weniger negativen Gefühlen und Erlebnissen belastet. Die seelischen Verstrickungen, der «Ballast» des Menschseins, den Erwachsene mit hinübernehmen, ist bei Kindern nicht oder kaum vorhanden. Ihre Individualität hat nicht so starke Abdrücke in ihren geistigen Hüllen hinterlassen. Die ethisch-moralischen Erfahrungen, die beispielsweise ein zwölfjähriges Kind macht, sind ein Ausprobieren des Menschseins und der Erdengesetzmäßigkeiten. Somit kann es von geistiger Warte aus gesehen noch nicht als voll verantwortlich dafür einstehen. Aus diesen Gründen gestaltet sich hier der Durchgang durch die Äther- und Astralwelt in einer anderen Weise.

Für Kinder gibt es eigene, lichte ätherische, astralische und geistige Bereiche, in denen sie liebevoll aufgenommen und fürsorglich betreut werden. Sie werden behutsam und schrittweise von einer Entwicklungsstufe zur anderen geführt, sie werden entsprechend belehrt und begleitet. Diese Aufgaben werden von Engelwesenheiten übernommen, die sich speziell diesen Bereichen widmen. Verstorbene aus höheren Sphären, die sich selbstlos in den Dienst dieser Tätigkeit stellen, wirken hier ebenfalls mit.

Kinder können sich mit Leichtigkeit zwischen den Welten hin- und herbewegen, sie können nach ihrem Schwellenübergang noch sehr intensiv am Familienleben ihrer Angehörigen auf Erden teilnehmen, gleichzeitig befinden sie sich in ihren lichten Geistbereichen.

Im Gespräch mit einer Mutter und ihren drei Kindern, die alle bei einem tragischen Autounfall verstorben sind, konnte ich wahrnehmen, wie die Kinder sich an einem wunderschönen, geschützten Ort aufhielten, der wie eine mit Farben durchsetzte weiß-leuchtende Lichtung wirkte. Sie spielten dort ganz ausgelassen und freudig mit mehreren größeren Engeln, die sich um sie kümmerten. Sie selbst trugen Lichtgewänder und wirkten ganz unbeschwert und leicht.

Auf die Frage, warum sie so früh aus der irdischen Welt wieder gegangen sind, erklärten sie, dass sie nur eine «Tropfenberührung» mit der Erde gebraucht hätten, mehr nicht. *«Es waren sogar von vornherein, also vorgeburtlich, mehrere Szenarien vorbereitet, damit wir gehen können. Der Plan war so fest, dass wenn es nicht auf diese Weise passiert wäre* (also durch den Autounfall), *eine andere, sehr zeitnahe Situation unser Weggehen ermöglicht hätte. Das hat also passieren müssen. (...) Wir haben das schon lange vor der Geburt alle zusammen so verabredet. So konnten wir, jeder für den anderen, etwas tun; der Plan deckte unsere verschiedenen Lebensentwürfe ab.»*

Dann zeigten mir die Kinder, mit welcher Freude sie zu ihrem Vater hinflogen, der den Unfall als einziger überlebt hatte und nun schwer verletzt im Krankenhaus lag. Natürlich muss man in der geistigen Welt nicht «fliegen», man braucht sich nur irgendwo hinzudenken, und schon ist man energetisch dort. Doch für die Kinder war es wie ein Spiel, auf die Erde zu «fliegen». Sie sagten: *«Wir fahren Schlitten zu Papa hinunter, wir fahren auf Sonnenstrahlen Schlitten zu ihm hinunter, immer morgens, mit der Morgensonne. Und dann umringen wir ihn, wir stehen um sein Bett herum. Manchmal kitzeln wir ihn auch ein bisschen so von der Seite»,* sagten sie kichernd. *«Er bemerkt es nicht ganz so direkt, aber sein Engel erlaubt es uns. Er steht immer wachend und liebevoll dabei, schaut zu und lächelt uns an. Und manchmal sitzt auch einer von uns rittlings auf Papa drauf, immer abwechselnd»,* sagten sie verschmitzt. *«Und sein Körperelementarwesen erwartet uns immer bereits und freut sich, wenn wir kommen. Es sagt, dass wir ihm Lichtkräfte bringen, mit denen er besser an Papas Leib und Seele arbeiten kann.»*

Einige Wochen später schaue ich erneut nach dieser Familie und finde sie etwas verändert vor. Die Mutter erklärt mir: *«Ich bin weniger bei ihnen* (den Kindern), *sie sind jetzt einen Ring* (bedeutet: Entwicklungsbereich) *weitergegangen. Unsere nun anstehenden Entwicklungen sind ganz verschiedene. Die Kinder spielen nicht nur, wie zu Beginn. Die Engel haben sie festlich gekleidet und in neue Lernräume, in eine geistig höhere Schule begleitet. Sie können blitzschnell bei ihrem Vater auf der Erde sein, ansonsten haben sie sich von der Erde viel mehr gelöst. Ihr Fokus, ihre Aufmerksamkeit ist auf die Gemeinschaft der Geistwesen gerichtet, mit denen sie jetzt sind.»*

Viele Familien haben für eine lange Zeit den Eindruck, dass ihr verstorbenes Kind noch unmittelbar anwesend ist. Und diese Wahrnehmung ist richtig. Das bedeutet aber keineswegs, dass diese Wesen in der erdennahen Welt hängen geblieben sind. Kinder begleiten ihre Familien weiter, sie lernen noch mit ihnen mit, sie erleben ganz unmittelbar, was sich in den Seelen ihrer Eltern und Geschwister abspielt. Sie können sich auch leichter als erwachsene Verstorbene durch die Träume der Angehörigen bemerkbar machen. Wenn Kinder den Schmerz und die Traurigkeit ihrer Familie erleben, spenden sie Trost, sie schenken Licht, Zuversicht und Liebe. Von daher ist es für sie auch wichtig, dass die Hinterbliebenen mit der Zeit lernen, sie im Guten loszulassen. So werden sie ganz frei für ihre eigene Entwicklung und erleben nicht eine ständige Aufgabe an ihrer irdischen Familie.

Eine junge Frau war mit Zwillingen schwanger, Junge und Mädchen. Das Mädchen verabschiedete sich wieder von der irdischen Welt bereits in der Schwangerschaft, der Junge wurde wenige Monate später geboren.

Jede Nacht – und nur nachts –, wenn die Mutter den Jungen stillte, hatte sie den Eindruck, dass sie ein Mädchen in den Armen halten würde. Immer wieder musste sie sich in den Nachtstunden bewusst darauf besinnen, dass sie einen Jungen geboren hatte.

Geistig geschaut war zu erkennen, dass die Seele des verstorbenen Mädchens die Stille der irdischen Nacht und die besondere Atmosphäre zwischen Mutter und Kind zu diesen Stunden liebte. So kam sie jede Nacht zu ihrer Mutter, zu der sie einen sehr innigen karmischen Bezug hatte, und legte sich ihr auf die Brust. Dadurch hatte die Mutter in den Nachtstunden den Eindruck, dass sie ein Mädchen anstatt eines Jungen in den Armen halten würde.

Im Gespräch mit dem Geist dieses Mädchens wurde klar, dass ihre so kurze Berührung mit der Erde von vornherein so geplant gewesen war. Es war nicht ihre Absicht gewesen, sich zu dieser Zeit zu inkarnieren und ein irdisches Leben zu führen. Sie hatte aber aus ihrem vorherigen Leben noch bestimmte Erfahrungen nachzuholen, die sie nun über die innige Nähe und Wärme zu diesem schicksalsvertrauten Menschen, der ihre Mutter war, machen konnte.

Nach zwei Monaten kam das Mädchen nicht mehr in dieser Form. Sie umschwebte zwar die Familie noch weitere zwei Jahre, doch aus einer größeren Distanz und mit einer anderen, freilassenderen Stimmung.

Bei meinen Gesprächen mit verstorbenen Kindern wurde mir klar vermittelt, dass ihr Tod bereits vorgeburtlich geplant war. Das gilt auch für ungeborene Kinder, die ihren Inkarnationsprozess während der Schwangerschaft abbrechen. Sie alle haben für eine bestimmte Zeit eine bestimmte Aufgabe zu erleben oder eine bestimmte Lernerfahrung in der irdischen Welt zu machen. Manchmal kommen und gehen solche Kinderseelen auch, um ihre Angehörigen etwas zu lehren oder um ihnen zu einem bestimmten inneren Entwicklungsschritt zu verhelfen. Für ihre Familien vertiefen sich die Fragen nach dem Lebenssinn; das Lieben, das Loslassen, das Vertrauen, der Glaube wollen in einer ganz neuen Weise gelernt werden. Der Schmerz ist den Hinterbliebenen ein unerbittlicher, zugleich wertvoller Lehrmeister, denn er bildet das Nadelöhr zu einer neuen Dimension des seelisch-geistigen Erlebens und Begreifens. Kinderseelen verhelfen ihren Familien häufig zu einer neuen Spiritualität und geben dem Lebensweg ihrer Hinterbliebenen mitunter eine neue Richtung.

Eine junge Frau verliert ihren erstgeborenen Sohn, der schwer krank war, wenige Tage nach der Geburt. Von tiefer Trauer erschüttert und vom Schmerz überwältigt, sucht sie eine Selbsterfahrungsgruppe von «verwaisten Eltern» auf. Dort begegnet sie Menschen, die sie auf anthroposophische Therapien und auf Waldorfpädagogik aufmerksam machen. Obwohl ihr all dies neu und fremd ist, fühlt sie sich tief davon angesprochen. Mithilfe einer Heileurythmistin und einer Kunsttherapeutin kann sie ihren Verlust aufarbeiten und ihr seelisches Gleichgewicht wiederherstellen. Sie findet den Mut und das Vertrauen, eine erneute Schwangerschaft einzugehen. Die Geburt verläuft dieses Mal ohne Komplikationen, und das zweitgeborene Kind ist kerngesund. Sie entscheidet sich später für einen Waldorfkindergarten und beginnt, sich selbst mit spirituellen Lebensfragen zu beschäftigen.

Geistig geschaut war das erste, verstorbene Kind im Umkreis dieser Familie geblieben. Das Wesen dieses Jungen war der Impulsgeber für die Selbsterfahrungsgruppe, die die Mutter aufgesucht hat. Er hat ihr auch immer wieder Licht, Zuversicht und Freude zukommen lassen, sodass sie überhaupt eine erneute Schwangerschaft zulassen konnte. Er war es ebenfalls, der ihr den Anstoß für den Waldorfkindergarten für sein Geschwisterchen gegeben hat. Als all dies geschehen war, empfand er seine Aufgabe an dieser Familie als erfüllt und zog sich in die geistige Welt zurück, um seinen eigenen Weg weiterzugehen.

Das Schicksal von früh verstorbenen Kindern ist also in diesem Sinne angelegt und erfüllt seinen Sinn genau in dieser bestimmten, wenn auch kurzen Zeit. Somit stirbt kaum ein Kind «vor seiner Zeit», so unaussprechlich tragisch sein Tod auch für seine Familie ist. Es gibt allerdings Ausnahmen, beispielsweise durch Gewaltverbrechen und Kriege. Hier erfüllt sich nicht nur ein vorbereitetes Schicksal, sondern es greifen zerstörerische Mächte ein, die durch die Täter hindurchwirken. Doch auch in diesen Fällen kann man mit Erstaunen feststellen, dass viele dieser Geschehen – zumindest als schicksalsmäßige *Möglichkeiten* – bereits vorgeburtlich angelegt waren.

Unabhängig von den Todesumständen ist ausnahmslos immer wahrzunehmen, dass beim Tod von Kindern, in einem noch stärkeren Maße als bei den Erwachsenen, zahlreiche geistige Helfer mitwirken und mithelfen. Für Kinder ist es noch sehr naheliegend, sich selbst als ein geistiges Wesen zu erleben, ihre Herzen sind rein und ganz offen. Sie nehmen ihren Schutzengel nach dem Schwellenübergang auch unmittelbar wahr. Ihre Zeit auf der Erde ist kurz, sie sind wenig in seelische Verstrickungen eingebunden, und ihr Wesen ist nicht wie bei den Erwachsenen durch Ängste, festgefahrene Vorstellungen oder Dogmen blockiert. Somit sind sie dem Himmel wirklich viel näher. Von daher kommt es auch kaum vor, dass Kinder durch schwer traumatisierende Erlebnisse in der Ätherwelt hängen bleiben. Sie folgen ihren Engeln und lassen zunächst das belastende Geschehen zurück, das erst in einer späteren nachtodlichen Entwicklungsphase angeschaut wird.

Für Kinder, die während der Schwangerschaft abgetrieben werden, ist es wichtig, dass sie von der Mutter bzw. von den Eltern innerlich verabschiedet werden. Die Situation einer Abtreibung ist für ein Paar meist verknüpft mit Gefühlen von Überforderung, Unsicherheit und Zerrissenheit, mit Enttäuschung und Ablehnung, mit Selbstvorwürfen und schlechtem Gewissen. Sie bedeutet vor allem für die Mutter eine große psychische Belastung. Umso wichtiger ist es, mit dieser Situation bewusst umzugehen und den seelischen Zustand nicht in dieser unbearbeiteten Form zu belassen.

Hierfür ist es wesentlich zu wissen, dass jede Kinderseele eine tiefe, innige Liebe für das Wesen der Mutter empfindet. Es sind auf der geistigen Ebene immer Bande der Liebe, die das Kind zu dieser einen Mutter hinziehen. In der gleichen Weise, wie die Kinderseele liebt, bringt sie auch Verständnis für die Entscheidung der Mutter auf, wie immer sie auch ausfallen mag. Auch wenn es vielleicht Enttäuschung darüber erlebt, dass es diese Inkarnationsmöglichkeit nicht ergreifen kann, so hat das Kind Vertrauen, dass zu einem späteren Zeitpunkt, in diesem oder in einem nächsten Leben, andere gemeinsame Annäherungswege erfüllbar werden. Somit respektiert die Kinderseele den Entschluss der Mutter.

Da das Kind ohnehin alle Seelenregungen der Mutter wahrnimmt, ist es umso wichtiger, dass sie es nicht durch den eigenen Schmerz, durch Schuldgefühle oder durch Gewissensbisse festhält bzw. immer wieder zurückzieht. Verdrängung ist hier auch kein sinnvoller Lösungsweg, denn alle unterdrückten Gefühle bestehen unbewusst weiter und wirken energetisch fort. Vielmehr ist es hilfreich, wenn die Mutter mit der Seele des Kindes in einen inneren Dialog tritt und die Situation wie mit einem guten Freund bespricht. Hierzu braucht sie das Geistwesen des Kindes nicht unbedingt zu «sehen», es genügt, wenn sie ein inniges Herzensgespräch mit ihm führt, in dem sie ihm ihre eigene Sicht auf die bestehenden Umstände erklärt. Sie kann ihr Bedauern und ihre Trauer zum Ausdruck bringen, vielleicht auch die Dankbarkeit für die gemeinsame, wenn auch schwierige Erfahrung. Die Mutter kann das Kind um Verzeihung bitten und gleichzeitig darauf vertrauen, dass es ihre Hinwendung teilnahmsvoll aufnimmt und ihr in einer gütigen Weise Verständnis entgegenbringt. Nach einem solchen Zwiegespräch kann sie die Kinderseele dann fürsorglich in die Geistwelt entlassen und sie mit guten, lichten Wünschen für ihren weiteren Weg begleiten.

Die Verabschiedung zwischen Mutter und Kinderseele kann auch in einem kleinen Ritual stattfinden, mit einem Gebet, einer Kerze, mit Blumen oder mit einem Symbol. Diese Gesten tragen das Geschehen mit und schaffen einen würdevollen Rahmen für die offene Kommunikation zwischen den beiden Seelen. Das Kind fühlt sich durch diesen Austausch gesehen und erkannt. Die Mutter wiederum ist ihrer inneren Zerrissenheit nicht mehr ohnmächtig ausgeliefert und kann ihren Schmerz ein Stück weit befrieden.

Auf diese Weise ist die Situation zumindest klar angeschaut und angesprochen. Das Kind kann die Erfahrung nun abschließen und sich wieder entfernen, um neue, seinem Wesen entsprechende Erfahrungen zu machen. Manche Kinderseelen wagen recht bald den Versuch zu einer erneuten Inkarnation, zuweilen bei der gleichen Mutter, zuweilen in ganz anderen Familien oder Erdteilen; andere wiederum kommen erst viel später in die Erdensphäre zurück.

Der Äthertod

Da nimm. Das lass ich dir zurück, o Welt …
Es stammt von dir. Es sei von Neuem dein.
Da, wo ich jetzo will hinaus, hinein,
bin ich nicht mehr auf dich gestellt. (…)

Christian Morgenstern:
Wir fanden einen Pfad

Die Zeit in der ätherischen Welt, mit all den ihr dazugehörigen Erlebnissen, bildet die erste Etappe in der nachtodlichen Entwicklung eines Menschen. Mit dem Aufleuchten der Lebensrückschau, in welcher die Ereignisse des soeben zu Ende gegangenen irdischen Lebens in einer objektiven Weise erschaut werden, vollendet der Ätherleib als Träger unserer Erinnerungen und Gewohnheiten seine Aufgabe für diese Inkarnation. So wie der irdische Leib als individuelles Gefäß eines menschlichen Geistkerns am Ende des irdischen Schicksalsweges seine Aufgabe abgeschlossen hat, so schließt jetzt auch der Ätherleib als persönliches Wesensglied eines Menschen seine Mission ab. Das bedeutet, dass der Mensch nach seinem physischen Ableben auf Erden in der Ätherwelt einen weiteren Tod erlebt, nämlich seinen Äthertod.

In der christlichen Tradition ist bei Beerdigungen der Ausdruck «Erde zu Erde, Asche zu Asche, Staub zu Staub» gebräuchlich. Es soll darauf hingewiesen werden, dass durch den Tod die natürliche Rückverwandlung alles irdischen Lebens stattfindet. Die Substanzen, die sich aus dem Erdhaften zu unserem persönlichen physischen Leib gebildet haben, werden nun, in verwandelter Form, wieder der Erde zurückgegeben. Ähnlich ist es auch mit dem Ätherleib: Die ätherische Substanz, die sich vorgeburtlich zusammengezogen und sich als unser eigener Ätherleib gebildet hat, wird nun der ätherischen Welt zurückgegeben. Bei einem regulären Verlauf geschieht dies in etwa drei Tagen nach dem Schwellenübergang, doch in sehr vielen Fällen variiert dieser Zeitpunkt zwischen mehreren Tagen und mehreren Wochen. Bei hängen gebliebenen Äthertoten liegen entsprechend längere Zeiträume vor.

Der Verstorbene erlebt, dass sich seiner Wahrnehmung neue Räume öffnen, die die Ebene der Astralwelt darstellen. Eine junge verstorbene Frau beschreibt diesen Schritt folgendermaßen: *«Ich stehe noch immer an der Grenze dieser zwei Welten, doch ich nehme den Raum hinter mir immer deutlicher wahr. Dieser Raum* (damit ist die Astralwelt gemeint) *ruft mich zu meiner eigenen Entwicklung auf, dort ist mein Weg, den ich bald gehen muss. Der Engel wartet geduldig mit mir, doch er gibt mir zu verstehen, dass sich der Weg nun für mich öffnet. Ich kann nun selbst weitergehen, das erfüllt mich mit Glück, ich bin jetzt so weit, voranschreiten zu können.»*

Der Äthertod wird vom Verstorbenen als eine immer weitere Ausdehnung seines Wesens in den Weltenäther hinaus empfunden. Alles, was seine Erinnerungsvorstellungen gebildet hat, alle seine Erlebnisse in bildhafter Form lösen sich nun mehr und mehr auf. Es ist ein Tod im Sinne eines Ohnmachtserlebens, der Verstorbene verliert komplett das Bewusstsein seines irdischen Ichs. Dieses Geschehen ist ein gewaltiges und zugleich befreiendes Erleben für ihn: Sein Ätherleib fließt langsam aus, löst seine Konturen auf und geht in eine grenzenlose, weltumfassende, lebendige Äthersubstanz über. Annähernd sein gesamter Ätherleib haucht sich in dieser unendlichen Ausdehnung nach allen Seiten hin aus. Übrig bleibt lediglich ein Extrakt seines Ätherischen, welcher ihm, zu einem späteren Zeitpunkt, für die nächste Inkarnation zur Verfügung steht.

Wenn man als inkarnierter Mensch ein solches Geschehen innerlich begleitet, sieht man den Verstorbenen oberhalb der Erdensphäre sich immer mehr ausbreitend und immer größer werdend. Mit ihm mitgehend, erlebt man selbst eine immer stärker werdende Ausbreitung des eigenen Wesens. Dies erzeugt zunächst ein befremdliches und leicht beängstigendes Gefühl: Man hat den Eindruck, das eigene Lebendige würde aufgehen, sich ausdehnen und sich dann ganz und gar in Luft auflösen. Instinktiv will man sich schnell wieder zusammenziehen, um das eigene Bewusstsein zusammenzuhalten. Doch wenn man diesen ersten Schrecken überwindet und das Erleben ruhevoll zulässt, kann man sogleich wahrnehmen, dass dieser Umraum, zu welchem hin man sich ausdehnt, keine leere Luft, sondern eine ganz von Leben durchwobene Welt ist. Es ist die lebendige, vibrierende, lichte Welt des Ätherischen, die den gesamten Erdenumraum umspannt, durchwebt und belebt.

Während dieses Geschehens gehen alle bildhaften Erlebnisse und Erinnerungen des Verstorbenen, die sein Ätherleib aufbewahrt hat, in den Weltenäther über. Die Ätherwelt verändert sich durch das, was ihr der Verstorbene aus seinem Erdenleben entgegenbringt und darreicht. Sie erfährt eine leicht andere Färbung und Prägung, ihr werden neue Erfahrungen eingeschrieben, die die Akasha-Chronik mitbilden. Somit gestalten wir durch all unser Sein und Tun auf Erden auch die nachtodlichen Welten, die sich, wie der Erdorganismus auch, in Wandlung, Veränderung und Entwicklung befinden.

Bei diesem ätherischen Todesprozess ziehen sich die oberen Wesensglieder, Astralleib und Ich, aus dem sich ausbreitenden Ätherleib heraus; der Verstorbene erwacht nun zu einem neuen Bewusstsein und findet sich dann als Seelengestalt im Seelenreich wieder. Das bedeutet, dass er sein Wesen auf einer höheren, nun astralischen Ebene neu ergreift. In der Meditation kann man Verstorbenen in dieser Phase in symbolischen Bildern begegnen, die ein neues «Eingekleidet-Werden» aufzeigen: Mehrere Engel weben mit kunstvollen Bewegungen farbige Lichtgewänder um den in der Astralwelt Angekommenen und helfen ihm in einer feierlichen Weise, dieses neue Astralkleid anzulegen. Da Symbole archetypische Zeichen für geistige Zusammenhänge sind, ist es leicht nachvollziehbar, dass diese Bilder die Neuergreifung der astralischen Leiblichkeit darstellen, nachdem die eigenen ätherischen Hüllen abgelegt wurden.

Eine verstorbene Freundin sah ich hier umgeben von mehreren Engeln. Ihre Haltung war aufrecht, gleichzeitig sehr beweglich, ihre Augen leuchteten wie zu ihrer schönsten Erdenzeit. Ihr gesamtes Wesen war erfüllt von einer großen, lichten Freude, sie war ganz aufgehoben und glückerfüllt in der Gemeinschaft der sie umgebenden Engelwesen. Ihre Zeit in der Ätherwelt war nicht leicht gewesen, so fragte ich sie, was geschehen war. Sie zeigte mir, wie sie alle gräulichen Erlebnisschleier, die sie zuvor umgeben hatten, abgelegt hatte. Die Engel, die sie nun in einer neuen Sphäre, in neuen Räumen empfangen hatten, bewegten sich in eurythmischen Bewegungen um sie herum und webten dabei wundervolle neue Gewänder aus goldenem Licht. Ihre Gestalt verschmolz mit diesen farbigen, sie einhüllenden Schleiern, und sie erstrahlte in ihrem Astralkleid, in welchem sie jetzt die Seelenwelt betreten konnte.

So wie das Sterben in der irdischen Welt eine Auferstehung im Ätherischen bedeutet, so stellt auch der Äthertod eine Auferstehung im Astralischen dar. Die Zeit in der Astralwelt eröffnet dem Verstorbenen neue Bewusstseins- und Erlebnisdimensionen und ermöglicht ihm Lernprozesse, die eine Vertiefung seines gesamten Seelenlebens und Wesens bedeuten.

Die Begegnung mit dem Christus-Wesen

Immer *hinter* der Mauer
deines Schicksals
steht Christus – und wartet …

Fred Poeppig:
Stufen auf dem Wege

Die Zeit in der Äthersphäre hat dazu gedient, der eigenen Biografie erstmalig in der Gesamtheit ihrer Erlebnisse zu begegnen. Es ging dabei um Selbsterkenntnis in Form einer lebendig-objektiven Lebensrückschau, in der sich das Wesentliche des eigenen Lebenslaufs zeigt. Ansatzweise erlebt die Seele auch, welche Wirkung sie auf andere Menschen und Lebewesen, auf ihre Umwelt und auf die Erde gehabt hat. In der nun bevorstehenden Astralsphäre besteht für den Verstorbenen die Aufgabe darin, ganz detailliert und konkret dem eigenen Seelischen in all seinen Auswirkungen zu begegnen und daraus Impulse für eine künftige Inkarnation zu formen.

Diesem Prozess geht zunächst eine vorbereitende Begegnung voraus: Es ist die Begegnung einer *jeden* Menschenseele mit dem Christus-Wesen. Seit seinem Tod auf Golgatha trägt, begleitet und durchdringt dieses trinitarische Wesen die Entwicklung des Menschen und der Erde durch alle Prozesse, Fortgänge und Zyklen hindurch. Die Hinwendung des Menschen zu ihm hin bedeutet inneres Streben zum höchsten Göttlichen. Während seiner Inkarnationszeit kann der Erdenmensch eine tiefe innere Verbundenheit mit dem Christus-Wesen aufbauen, die bis zu einem geistigen Erleben der Christus-Gestalt führen kann. Auch in der nachtodlichen Welt kann sich der exkarnierte Mensch jederzeit aktiv diesem Wesen zuwenden, welches dann als leuchtend-strahlende Geistgestalt erlebt werden kann. Entscheidend für eine solche Begegnung ist die innere Suchbewegung der Menschenseele zum Christus hin, und hierin ist der Mensch ganz frei, ob er diese Suchbewegung überhaupt vollzieht oder nicht. Dementsprechend persönlich, individuell und auch selten sind solche Erlebnisse.

Es gibt jedoch einen Punkt in der menschlichen Existenz, an welchem die Christus-Wesenheit ausnahmslos *jedem Menschen dieser Welt*, ganz unabhängig von seiner spirituellen Ausprägung, von seinen religiösen und weltanschaulichen Überzeugungen, von seiner persönlichen Entwicklung, entgegentritt: Es ist der Übergang von der Äther- in die Astralwelt. Hier, an der Schwelle der Seelenwelt, empfängt der Christus eine jede menschliche Seele auf ihrem nachtodlichen Weg. Dieser das ganze Menschenwesen ergreifende Begegnungsmoment ist einer der bedeutungsvollsten im gesamten Exkarnationsprozess des Menschen.

Der Verstorbene hat seinen Ätherleib abgelegt, und sein Bewusstsein erwacht in einer seelisch-geistigen Umgebung voller lebendiger Farben und bewegter Formen. Alles, was ihn hier umringt, ist beseelte Lebenssubstanz, die ein Sein aus farbenreichen Klängen und mannigfaltigen Gestaltharmonien webt. In einer durchlichteten, klaren Landschaft erwartet ihn nun die Christus-Gestalt. Die Menschenseele nimmt dabei die allumfassende und unaussprechlich ergreifende Licht- und Liebesqualität wahr, die dem Christus-Wesen eigen ist und die ihr ganzes Wesen durchflutet. Sie erlebt größte Verehrung und Ehrfurcht gegenüber der Christus-Gestalt, gleichzeitig auch ein in seiner Wahrhaftigkeit überwältigendes Gesehen- und Verstandenwerden durch dieses Geistwesen.

Es findet nun ein inniges, zutiefst wesensberührendes Zwiegespräch statt. Die Seele schaut dabei, gemeinsam mit Christus, ein zweites Mal auf ihr vergangenes irdisches Leben. Hier spielt sich keine Abfolge von Lebensszenen ab, entsprechend des «Lebensfilms» in der Äthersphäre, sondern der Mensch steht vor dem «Gemälde» seines Erdenlebens. Die Essenz seines irdischen Seins, alles, worauf es ankam, die Dinge, die das Lichte und Dunkle seines Erdenweges ausgemacht haben, zeigen sich nun wie die plastische Ausgestaltung eines Gesamtkunstwerks. In der Gegenwart des Christus-Wesens wird die Seele in einem weit stärkeren Maße mitfühlend und einsichtig. Das, was im ätherischen Lebensrückblick lediglich gestreift wurde, wird hier intensiver, fokussierter und bewusster erlebt. Die Freude, die man empfunden hat, wird hier zu einer noch größeren Freude, der Schmerz wird zu einem noch tieferen Schmerz, das Empfinden um Schuld bedrückt oder beschämt einen noch mehr, das Mitgefühl gegenüber anderen Menschen und Lebewesen wird eindringlicher und umfassender.

Eine junge Frau, siebenundzwanzigjährig bei einem Autounfall verstorben, die sich am Anfang ihrer Zeit in der Astralwelt befindet, berichtet:

«Ich lebe in allen Farben des Himmels, lebendig sind sie, mannigfaltig, alles durchdringend. Eine lebendige Welt aus tanzenden, strömenden, webenden, sich bewegenden und sich durchdringenden Farbspielen, wie ihr sie euch auf Erden nicht vorstellen könnt. Alles ist Leben, alles ist Farbe, alles ist lebendiges Licht hier!

Ich bin dem Christus begegnet! Ich habe mit Ihm mein Leben geschaut. Liebevoll wie ein innigster Freund hat Er in den Bildern des Gewesenen Knospen und Blüten meines Schicksals hervorgeholt und sie mir einzeln gezeigt: lauter Wunder in allen Falten und Ecken meines Seins, verborgene, wunder-

same Geheimnisse. Sie waren wie unsichtbare Perlen bestickt auf meinem kostbaren Lebensmantel. Und durch Ihn wurden sie jetzt sichtbar für mich. Er hat mir gezeigt, wie diese Blüten in späteren Leben ganz als Blumen aufgehen werden und sich dann zu reifen Früchten meines Wesens, zu wirklichen Ergebnissen meines Werdens entfalten werden. So vieles war in meinem Leben angelegt, sanft verborgen unter der Decke des Tagesbewusstseins und des Alltagsgeschehens. Christus ließ mich all das neu erkennen, zutiefst begreifen, mich selbst und mein Schicksal. Ich wusste nicht, wie viel ein Menschenleben bedeuten kann, wie unendlich viel Weisheitsvolles, Kostbares da hineingetröpfelt wird von den Schicksalskräften. All das ist über Jahrtausende hinweg mit dem weiteren Werden unseres Wesens verbunden. Der Bogen unserer Menschwerdung ist immens!

Er hat mir in die Augen geschaut – der Christus! (...) So viel Milde und Licht, die unendliche Liebe hat mich angeschaut! Unbeschreiblich, unbeschreiblich schön und erhaben! Er ist uns allen Bruder, ein Bruder voller Verständnis und Mitgefühl – jedoch mit einem anderen Blick auf unser Sein. Väterliche Weisheit spricht aus Seinem Haupt, heilende Liebe strömt aus Seinem Herzen, Erkannt-Werden vermittelt Seine ganze Gestalt. Und aus Seinen Augen spricht der Urgrund der All-Liebe!

All mein Kummer und Schmerz ist vergangen, ein heilendes und heiligendes Durchströmt-Werden, das von Ihm ausging, hat mein ganzes Wesen gereinigt. Ich fühle mich nun wie neu geboren, wie neu ‹geschöpft›, obwohl mein Wesen schon so lange besteht! Befreit von allen Sorgen und dem Ballast, den ich meinte, im Menschsein mittragen zu müssen. Und ich bejahe nun neu das Menschsein mit innigster Liebe und mit dem lebendigen Willen, mich auf ein neues (Menschsein; Anm. IP) *vorzubereiten. Ganz JA bin ich geworden, eins mit dem Himmel und mit meinem Weg!»*

Durch die Begegnung mit dem Christus-Wesen beim Eintritt in die Astralwelt bekommt der Verstorbene also ein grundsätzlich neues Verständnis für das eigene Sein. Christus ist als hierarchische Wesenheit Teil der Trinität und Sohn des Vatergottes. Doch durch seine Inkarnation in Jesus von Nazareth ist er auch zugleich Mensch gewesen und kennt somit all das, was eine menschliche Seele während ihres Erdenlebens durchmacht. Er war als Mensch selbst Versuchungen, Schmerz und Trauer ausgesetzt, er kennt das Zögern und Zaudern, das innere Ringen, das menschliche Zweifeln und Verzweifeln. Er ist also nicht nur die göttliche Sohnes-Gestalt, er ist dem Menschen auch Bruder und Freund in all seinem Werden. In diesen Qualitäten von Gott und Mensch erlebt ihn hier auch die menschliche Seele.

Doch nicht alle Menschen ertragen den alles erkennenden Blick des Christus. Manche fühlen sich als nicht würdig angesichts der Begegnung mit dem höchsten Göttlichen, sie verurteilen sich selbst und verharren in einer Empfindung von Scham und Schuld. Die Wirkungen ihres Doppelgängers klingen noch nach in Empfindungen von Ohnmacht und Angst, von Wut und Hass, von Scham und Reue, von Nicht-vergeben-Können und Hadern mit dem eigenen Leben. Auch wenn der Christus den Menschen in der gemeinsamen Begegnung darauf hinweist, dass er diese Schatten überwinden und sich von ihnen lösen kann, schafft das nicht jede Seele mit aller Konsequenz. So führt sie diese ungelösten Themen zunächst weiter mit sich in die Astralwelt und später in eine nächste Inkarnation hinein.

Das Christus-Wesen fällt jedoch kein Urteil über den Menschen, sondern stellt diesem lediglich Fragen zu den entscheidenden Begebenheiten seines Lebens. Dadurch öffnet er ihm die Augen für die Art und Weise, wie er sein eigenes «Lebenskunstwerk» gestaltet und somit die Welt mitgeprägt hat. Dieser geistig klare Blick auf das selbst Geschaffene impliziert zugleich die Erkenntnis dessen, was konkret notwendig ist, damit der Mensch sein Wesen künftig ergänzt, heilt und vervollständigt. Somit gewinnt die Seele konkrete Anregungen für die Bildung einer nächsten Inkarnation.

In dieser Weise wird also das Entscheidende in den Folgerungen der jeweiligen irdischen Inkarnation fokussiert, dem Menschen wird der Impuls für eine in Freiheit beschlossene Selbstkorrektur gegeben. Infolgedessen erlebt er nicht nur *dass*, sondern auch *wie* sein Schicksal unmittelbar mit dem gesamten Erdenschicksal verwoben ist: Sein «Lebensgemälde» verschönert oder entstellt die gesamte Weltengestalt, sein Karma ist zugleich das Karma der Erde. Durch all sein Sein und Tun trägt er die Verantwortung für die Zukunft der Welt. Es geht hier weit über das hinaus, was sonst Selbstbegegnung und Schicksalserkenntnis bedeutet. Rudolf Steiner beschreibt diese Christus-Begegnung zu Beginn der Astralwelt als eine wahrhafte *Erleuchtung*[3] des Menschenwesens.

So tief ergreifend der Eindruck auch ist, den die Zusammenkunft mit dem Christus erzeugt, er bedeutet nicht zugleich auch *Heilung und Erlösung* der unerlösten Schattenanteile einer menschlichen Seele. Die eigentliche Arbeit hieran steht dem Menschen in der Astralwelt noch bevor. Erst ab hier beginnt der Verstorbene im eigentlichen Sinne seelisch-geistig an sich zu arbeiten. Die Christus-Begegnung als tiefstes «Auferweckungserlebnis» ist der entscheidende Impuls und die Vorbereitung hierfür.

3 Rudolf Steiner: *Von Jesus zu Christus*, GA 131, Dornach [7]1988, S. 215.

Die Zeit in der unteren Astralwelt

Erkenne dich selbst
Und du findest die Geheimnisse der Welt;
Beschaue die Welt
Und du findest die Geheimnisse des
Selbst.

Rudolf Steiner: Wahrspruchworte

Die Astralsphäre ist die Welt des Lebendig-Seelischen. Gedanken, Stimmungen, Gefühle und Willensimpulse gestalten sich als eine Außenwelt von erhabenen Lichtspielen, von beweglichen, sich durchdringenden Farben, von beseelten Bildern und Landschaften. Alles ist hier klangvoll, lebendig und dynamisch, gleichzeitig weisheitsvoll geordnet. Diese Sphäre, die für unsere vergleichsweise starre und einfach strukturierte Vorstellungskraft schwierig zu beschreiben ist, besteht aus unterschiedlichen Erkenntnis- und Bewusstseinsstufen, zu denen der Verstorbene sich schrittweise hin entwickelt. Unterschiedliche Engelwesenheiten stehen ihm zur Seite und begleiten ihn dabei.

Sehr vereinfacht gesagt, besteht *eine* der Aufgaben der Menschenseele nun darin, der eigenen Biografie ein drittes Mal, und zwar aus einer neuen Perspektive heraus, zu begegnen: Alles, was der Mensch anderen Menschen oder Lebewesen angetan hat, Freude oder Leid, Beglückung oder Betrübnis, Schönes oder Schmerzhaftes, erfährt er in der Seelenwelt als *eigenes Erleben.* Das bedeutet, dasjenige, was er auf Erden in der Außenwelt erzeugt hat, wird nun zu seiner eigenen Innenwelt. Seine Innenwelt auf Erden, also all das, was er selbst gedacht, gefühlt und beabsichtigt hat, wird ihm hier wiederum zur *äußeren Erfahrungswelt.* So erlebt er beispielsweise die Gedanken- und Gefühlswesen, die er fortwährend produziert hat, als die ihn hier umgebende Szenerie. Er erkennt auch ihre Wirkung und Konsequenz auf alle Mitgeschöpfe und somit auf die Welt. Der Mensch steht hier also, selbsterlebend, inmitten der Auswirkungen seines gesamten Seelenlebens.

Während der Inkarnationszeit ist es so, dass ungute Gedanken, die wir einem Menschen gegenüber haben, diesen in seiner Lebenskraft schwächen. Ungute Empfindungen, die wir ihm gegenüber hegen, wirken verletzend auf seine Aura beziehungsweise auf die Atmosphäre, in der er lebt. Ungute Taten gegenüber einem Menschen wirken sich für diesen als Hindernisse in seinen Willensimpulsen aus. So kann man umgekehrt sagen: Das gute Denken an einen Menschen kräftigt ihn, das gute Herzensempfinden lässt seine seelische Aura aufleuchten, die helfende Tat unterstützt ihn, sein ureigenes Schicksal zu erfüllen. Im inkarnierten Zustand dringen diese Wirklichkeiten meist nicht bis in unser Tagesbewusstsein hinein, doch jede Nacht während des Schlafes, also *unbewusst,* leben wir und alle anderen Menschen in diesen Auswirkungen.

Die Zeit in der unteren Seelenwelt ist somit ein neues Aufleben dieser Nachterlebnisse, die nun aber ganz *bewusst* erfahren werden. Der Verstorbene durchlebt jetzt in rückwärtiger Reihenfolge Nacht für Nacht seiner gewesenen Inkarnation. So kann man schematisch vereinfacht sagen, dass sich in der Ätherwelt in einer gerafften Form die Gesamtschau der Tageserlebnisse zeigt; in der Astralwelt wiederum wird die Gesamtheit der Nachterlebnisse erfahren. Rudolf Steiner beschreibt, dass dieser Prozess in der Astralwelt *durchschnittlich* eine Dauer von etwa einem Drittel der Inkarnationszeit beträgt, denn das umfasst die ungefähre Zeit, die ein Mensch während seiner Lebenszeit schläft. Diese Gesetzmäßigkeit wird stets individuell gestaltet und kann somit in Einzelfällen zeitlich sehr stark variieren.

Das Erleben des Verstorbenen gestaltet sich in der Astralsphäre nun folgendermaßen: Wenn er zu Lebzeiten beispielsweise das Gefühl des Neides gegenüber einem Menschen empfunden hat, so lebt er jetzt selbst ganz in der verletzenden, stechenden Atmosphäre des Neides. Er befindet sich also hier mit seinem gesamten Wesen dem Gefühl der Schwächung oder der Stärkung, der Verhinderung oder der Förderung, welches er dem anderen hat zukommen lassen, unausweichlich ausgesetzt. Das Liebevolle, Gute, positiv Gelungene in der Biografie umhüllt den Erlebenden hier in lichten, freudevollen Bildern und beschenkt ihn mit einem seelischen Erleben von Glückseligkeit und von sich erfüllender Gemeinschaft mit anderen Geistwesen. Das Lieblose, Negative, Verzerrte, Egoistische, Zerstörerische seines Wesens umgibt ihn wiederum als Atmosphäre von Entbehrung und Qual, und führt zu einem Erleben von Einsamkeit und Schmerz.

Die in dieser Weise *erlebte* Konsequenz des eigenen Lebens bildet im Menschen den innigen Wunsch, einen Ausgleich hierfür zu schaffen. Dem Verstorbenen fehlen jetzt allerdings der physische und der ätherische Leib und somit auch die Werkzeuge, mit welchen er auf Erden wirken könnte. Daher wird dieser Wunsch zu einem starken Impuls, *erneut* auf die Erde zu kommen und das Einseitige, Verfehlte, Unvollständige der eigenen Biografie auszugleichen und zu ergänzen. Auch das Positive, das Gelungene und Lichte will eine Fortsetzung finden, als Dank, als Fortführung, als weiterer Entwicklungsschritt. Aus diesen einzelnen Erlebnissen werden hier also bereits die ganz konkreten Grundlagen für eine nächste Inkarnation gelegt, die in späteren Entwicklungsstufen gemeinsam mit hohen Geistwesen ausgearbeitet werden.

Grundsätzlich nimmt man Astralverstorbene geistig in einer anderen Weise wahr als Ätherverstorbene. Während Verstorbene in der Ätherwelt noch sehr stark ihrer irdischen Erscheinung entsprechen, stellen sie sich in der Astralwelt weniger stark in den uns vertrauten Konturen dar. Sie wirken durchlässiger und meist jünger, Teile ihrer Gestalt scheinen aus bewegten Lichtschleiern zu bestehen. Gleichzeitig ist ihre Wesensessenz stärker spürbar. Wenn man sich innerlich zu einem Astralverstorbenen hinbegibt, so findet man ihn häufig in einer einzelnen Sequenz seines gewesenen Lebens vor. Diese Szenerie gibt Aufschluss darüber, welche Ereignisse er gerade durchlebt und in welcher Phase seiner Lebensaufarbeitung er sich befindet. Da die Auseinandersetzung mit der eigenen seelischen Biografie hier zeitlich rückwärtsgerichtet stattfindet, erlebt man den Verstorbenen in einer immer jünger werdenden Gestalt.

Insgesamt empfinden sich Verstorbene in der Seelenwelt als viel weiter von der Erdenwelt entfernt. Ihr Bewusstsein ist nicht mehr auf das Irdische gerichtet, sondern in einem viel stärkeren Maße auf die eigenen Erlebnisse in der Astralwelt fokussiert. Wenn sie ein bestimmtes Anliegen haben, beispielsweise einem Hinterbliebenen etwas mitteilen möchten, können sie ihre Energie bündeln und diesem unmittelbar geistig erscheinen. Die «Beweglichkeit» zwischen den Welten ist also nach wie vor gegeben, sie fordert ihnen jedoch eine gewisse Anstrengung ab. Gewöhnlich hat der inkarnierte Mensch dabei ein Gefühl oder einen Gedanken, der ihn an den Verstorbenen erinnert, er merkt es jedoch meist nicht bewusst, dass der Verstorbene real anwesend ist.

Astralverstorbene können weiterhin die Seelenregungen ihrer Hinterbliebenen erleben. Gebete, gute Gedanken und liebevolle Erinnerungen dringen zu ihnen durch wie ein warmer Strom, der ihre Erlebniswelt durchlichtet. Trauer, Verbitterung oder Groll wirken belastend und beschwerend für sie. Hilfreich ist für sie also, wenn die Angehörigen sie freilassend und verständnisvoll begleiten und dabei ein feines Gespür dafür entwickeln, ob sie in ihrer Lebensaufarbeitung Begleitung oder Hilfe benötigen.

Das unmittelbare Hineingestellt-Sein in die Auswirkungen des eigenen Seelenlebens erfordert nämlich vom Verstorbenen die unmittelbare Bereitschaft, sich all dem zu stellen, was zu einem selbst gehört. Das bedeutet, alles anzuschauen, anzuerkennen und sich zu eigen zu machen, was *seelisch* mit dem eigenen Wesen zu tun hat. Diese Arbeit kann überaus schmerzhaft und belastend sein. Es gibt in zahlreichen Biografien Lebensthemen, Erlebnisse und Bereiche, die besonders schwer verkraftet werden können. Trotz der bereits stattgefundenen Begegnung mit dem Christus-Wesen, die ein ganz klares Verständnis für die eigene Erdenbiografie ermöglicht und Zukunftsimpulse gesetzt hat, gelingt in vielen Fällen die Umsetzung der dazugehörigen Seelenarbeit nur partiell. Viele Astralverstorbene stoßen beispielsweise auf eigene Persönlichkeitsaspekte, die sie nicht wirklich ansehen mögen und somit auch nicht als zu sich gehörig akzeptieren können; für viele ist es schwierig oder kaum möglich, eigene Schuld, Verdrängtes, Traumatisierendes, das ins Unbewusste Verlagerte real anzunehmen und zu integrieren. Alle Seelenregungen, Taten und Erlebnisse, die die Seele nicht anschauen und als zu sich gehörig annehmen kann, werden jedoch nicht mit Bewusstseinslicht durchdrungen und bleiben als unverarbeitete Seelenanteile unerlöst. Sie bilden so etwas wie eine astralische Masse, gleich «Seelenklumpen», die der Verstorbene zwar nicht wahrhaben will, die aber doch mit ihm verbunden sind.

Auch wenn also der Verstorbene hier bemüht ist, den Prozess der Auseinandersetzung mit sich selbst voranzubringen und dabei stets in Kontakt mit seinem Engel steht, so kann es geschehen, dass es ihm nicht ganz gelingt, Licht in alle verborgenen Ecken seiner Persönlichkeit zu bringen. Voraussetzung, etwas zu ergreifen und zu verändern, ist jedoch, es zunächst aufrichtig zu erkennen. Demnach sollte die Arbeit an der eigenen Biografie, sowohl im inkarnierten Zustand als auch in der Seelenwelt, so bewusst wie nur möglich vollzogen werden. Hierbei können die Hinterbliebenen Hilfe leisten, indem sie den Verstorbenen gedanklich begleiten und ihm auch diejenigen Bereiche nahebringen, die Teile seines Schattens, seines Doppelgängers gewesen sind. Es ist wichtig, dies so objektiv und neutral wie nur möglich zu tun, ohne Vorwurfshaltung und ohne Verurteilung. Auf diese Weise kann man dem Verstorbenen in seinem Lebensrückblick ein offener, in Freundschaft verbundener Gesprächspartner bleiben. Man kann ihm die eigene Erkenntnisarbeit zur Verfügung stellen, ihn ermutigen und ihm das Vertrauen aussprechen, dass er die Kraft findet, diese schwierigen Anteile anzunehmen.

Das Schönreden oder das Ausklammern von Problemthemen, wozu Hinterbliebene nach dem Tod eines Menschen des Öfteren neigen, sind dem Verstorbenen keine Hilfe. Ganz im Gegenteil, dieses Verhalten verstärkt seine Verdrängungstendenz und verfärbt seinen Blick. Genauso wenig helfen Anschuldigungen, Vorhaltungen, Ablehnung oder auf ihn gerichtete Wut. Das erschwert dem Verstorbenen den Umgang mit dem entsprechenden Themenbereich. Wichtig ist ein ehrlicher Blick, der die Persönlichkeit des Verstorbenen liebevoll und zugleich klar und sachlich spiegelt.

Auswirkungen unerlöster Seelenanteile

Nicht die Dinge, die kommen und eilen,
die Lust und Leid deiner Seele teilen,
sind deines Lebens wahrer Kern.
Er ruht ungreifbar – sinnenfern –
zwischen des Lebens Zeilen.

Manfred Kyber:
«Zwischen den Zeilen des Lebens»

Erkennen und Handeln sind zwei verschiedene Vorgänge; für einen sinnvoll gelingenden Entwicklungsschritt sind beide notwendig. Die zutiefst eindrucksvolle Begegnung der Menschenseele mit der Christus-Wesenheit an der Schwelle zur Astralwelt stellt, wie bereits dargestellt, einen unvergleichlichen Auferweckungsmoment für den Menschen dar. Dieses Erlebnis ist ein Bewusstseinsprozess höchsten Grades und entspricht hier dem Schritt des Erkennens. Wie tief und umfassend dieser Erkenntnisvorgang wirkt, das hängt allerdings von der Offenheit der jeweiligen Seele ab.

Die Bereitschaft, sich mit dem Erkannten dann in der Astralwelt real auseinanderzusetzen, entspricht dem Schritt des Handelns. Hier kommt es darauf an, wie stark die Selbstbegegnungskraft der jeweiligen Seele ist und inwieweit sie fähig und willens ist, damit umzugehen. Der Vollzug des ersten Schrittes impliziert also keinesfalls das Gelingen des zweiten; die Christus-Begegnung nimmt uns nicht die eigene Seelenarbeit ab, sondern impulsiert sie in einem entscheidenden Maße. Ob und wie diese Arbeit dann gelingt, hängt ganz davon ab, in welchem Umfang und in welcher Tiefe sie individuell umgesetzt wird.

Wenn ein Verstorbener in der Astralwelt beispielsweise nicht die Bereitschaft aufbringt, sich mit bestimmten Facetten seiner Persönlichkeit eingehend zu konfrontieren oder negative Auswirkungen seines Tuns anzuschauen, hat das zur Folge, dass er diese nicht aufgegriffene Problematik weder verändern noch erlösen kann. Dieser Themenkomplex seines Seelischen bleibt für sein Bewusstsein wie abgespalten, und er selbst vermeidet den entsprechend erforderlichen Entwicklungsschritt.

Anstatt eines bewussten Anschauens der vorliegenden Problematik und eines *eigenen* Impulses zu einem Ausgleich in der nächsten Inkarnation bleibt das Unbearbeitete als unerlöster Seelenanteil in der Astralwelt zurück. Beim Herabsteigen in die nächste Inkarnation nimmt die Seele diese nicht durchlichteten Anteile wieder unverdaut mit, was natürlich zu erneuten – tief sitzenden, ganz unbewussten – Schwierigkeiten im Rahmen dieser Thematik führt. Es ist also ein großer Unterschied, ob man in der Astralwelt selbst den Entschluss fasst, eine bestimmte Veränderung in der nächsten Inkarnation herbeizuführen, oder ob man eine Thematik unbehandelt mitschleppt. Im ersten Fall – auch wenn das grundlegende Problem nicht im Tagesbewusstsein präsent ist – hat man eher die Möglichkeit zu einer Umwandlung, da das höhere Ich sich das entsprechende Ziel gesetzt hat. Im zweiten Fall besteht weit weniger die Möglichkeit zu einer Umwandlung, da der Impuls hierzu gar nicht vorhanden ist. So bleibt man den Kräften der eigenen karmischen Vergangenheiten unvorbereitet ausgesetzt, man verstrickt sich noch weiter darin und findet kaum Zugang zu einer tragenden Lösung.

Eine Frau mittleren Alters berichtet in der Therapie, dass sie sich ihr Leben lang schon als Außenseiter und als Opfer ihres Lebens gefühlt hat. Als verträumtes Kind fand sie sich schwer in dieser

Welt zurecht und fühlte sich hier auf der Erde ganz fremd. In der Schule war sie brav und bemüht, doch sie hatte große Schwierigkeiten, den intellektuellen Anforderungen zu genügen und den sozialen Gegebenheiten zu entsprechen. Sie fand keine Freunde, wurde oft gehänselt, von der Klassengemeinschaft wurde sie nicht akzeptiert. In der Pubertät verstand sie kaum die Entwicklung ihrer Klassenkameraden, die Cliquenbildung, das Flirten und das Interesse für das andere Geschlecht. All das überforderte sie, sie empfand es sogar als abstoßend. Im gleichen Maße beneidete sie aber diejenigen, zu denen sie nicht dazugehörte. Sie erlebte ihr ganzes Sein als mühsam, sich selbst als unverstandenes Opfer einer unverdienten Einsamkeit. Die anderen Menschen blieben ihr größtenteils fremd, unzugänglich und suspekt.

Nach einer Ausbildung heiratete sie und bekam Kinder. Das war ihr größter Lebenstraum gewesen, der nun in Erfüllung ging. Endlich hatte sie das Gefühl, dass ihr das Schicksal doch wohlgesonnen war. Allerdings dauerte das Glück nicht lange an, denn die Mutterrolle überforderte sie. Sie fühlte sich nun ständig von den eigenen Kindern genervt, von ihrem Mann nicht ausreichend unterstützt und von der sie umgebenden Welt im Stich gelassen. Sie wurde immer unzufriedener, depressiver und schaffte es nicht, sich Lebensräume zu gestalten, die ihr einen gewissen inneren Ausgleich ermöglicht hätten. Nach einigen Jahren verließ ihr Mann sie. Er konnte ihre ständige Unzufriedenheit nicht mehr ertragen und wandte sich einer anderen Frau zu. Zum wiederholten Male fühlte sich die Klientin in der Rolle der Leidtragenden bestätigt. Aus ihrer Perspektive war sie diejenige, die alles für die Familie geopfert hatte; ihren Mann dagegen empfand sie als den Undankbaren, der sie und die Kinder im Stich gelassen hatte. Somit war sie auch kaum bereit anzuerkennen, dass sie selbst ein maßgeblicher und aktiver Teil dieser Entwicklung gewesen war.

Ein karmischer Rückblick zeigte sie in einer früheren Zeit als einen griesgrämigen, mürrischen, übellaunigen Mann auf, der die Mitmenschen ständig anpöbelte und beleidigte. Er war ein verbitterter, ungenießbarer Mensch, der negativ dachte und ständig Misstrauen empfand. Seine soziale Interaktion bestand hauptsächlich aus Beschimpfungen und Zankereien. Jedem unterstellte er böse Absichten, sich selbst empfand er dagegen immer im Recht. Im Nachtodlichen war seine Seele keinesfalls bereit, all diese negativen Persönlichkeitsanteile als zu sich gehörig zu akzeptieren. Und so kam die Seele mit diesem unbearbeiteten Paket in die jetzige Inkarnation hinein, in der sie diesem Themenkomplex wieder begegnen musste. Die Klassenkameraden aus dem jetzigen Leben waren die früher beschimpften Menschen, die nun dieses Mädchen instinktiv nicht mochten und abwiesen. Die soziale Ausgrenzung, die jetzt erlebt wurde, war also lediglich die Auswirkung des eigenen früheren sozialen Tuns. Das Gefühl des Fremdseins in der Welt war Auswirkung der eigenen mangelnden Liebesfähigkeit gegenüber anderen Menschen im früheren Leben. Trotz intensiver therapeutischer Arbeit schaffte es diese Frau nur in relativ geringem Maße, das eigene Leben als zu sich gehörig anzunehmen und ihre Schicksalsschwierigkeiten als Entwicklungschancen anzuerkennen.

Dieser Fall zeigt – in sehr geraffter Form – auf, dass Verdrängung und Unbewusstheit im astralischen Lebensrückblick generell zu einem Nicht-Verstehen des eigenen nächsten Schicksals führen. Der Betroffene empfindet sich dann in bestimmten Zusammenhängen als Opfer seines neuen Lebens, weil er dieses Leben vorgeburtlich auch nicht ausreichend bewusst angelegt hat. So kann, wie in diesem Beispiel aufgezeigt, ein nicht reflektiertes, verletzendes Sozialverhalten in einem nächsten

Leben zu sozialer Entfremdung, zu unverständlichen Gefühlen von mangelnder Zugehörigkeit und zu Einsamkeit führen. Oder der Betroffene rutscht wieder unbewusst in die Täterrolle, da beispielsweise die unreflektierte Gewohnheit, Macht auszuüben, erneut durchbricht. So oder so, die nicht angeschauten Persönlichkeitsanteile aus dem Vorleben werden vom eigenen Doppelgänger mitgeführt, und der Betroffene bleibt nach wie vor im entsprechenden Themenkomplex gefangen. Es kommt kaum zu einer tragenden Lösung, da der Zugang zum Ursprung des Problems fehlt.

Ein Aufgreifen der verdrängten Seelenbereiche bringt dagegen Licht in diese Schattenanteile und entreißt dem Doppelgänger, zumindest teilweise, die Macht über diese Themen. In der nächsten Inkarnation ist die jeweilige Problematik zwar nicht aufgearbeitet; doch durch die Erkenntnisarbeit in der Seelenwelt und durch die daraus bewusst gesetzten Impulse schafft sich die Seele Szenarien und Möglichkeiten zur Aufarbeitung des jeweiligen Problems. Es entstehen auf diese Weise entweder Begegnungen mit Menschen, die einem dazu konkrete Hilfestellung geben können, oder man wacht selbst bewusster daran auf und greift die Thematik geführter auf.

Wenn der Mensch dies nicht selbst tut, so geben die Engelwesenheiten, die das Schicksal mitgestalten, der entsprechenden Seele auf Umwegen die Chance, Zugang zu den eigenen verdrängten Motiven zu bekommen. Das sind sogenannte «Sensibilisierungsinkarnationen», in denen wiederholt schwierige oder schmerzhafte Erfahrungen den Erlebenden auf genau diejenigen Themen aufmerksam machen, die er nicht verarbeitet hat. Bei dem hier erlebten Leid handelt es sich also nicht um eine «Strafe» des Schicksals, denn die lichte geistige Welt bestraft nicht. Es liegen hier lediglich Chancen zum Erkennen und Aufgreifen der eigenen tief liegenden Lebensthemen vor.

Der Umgang mit den eigenen Seelentiefen hat natürlich nicht nur Auswirkungen auf die Zukunft des betroffenen Menschen. Der Umgang des Astralverstorbenen mit seinen verdrängten Seelenanteilen kann auch Auswirkungen auf seine Hinterbliebenen haben. Seine unterdrückten Persönlichkeits- und Seelenaspekte können in Form von «Anhaftungen» auf einzelne Angehörige oder auf andere inkarnierte Menschen wirken, wenn sie bei diesen Resonanzfelder vorfinden. Ausgeblendete seelische Problemthemen der Astralverstorbenen können also die Hinterbliebenen belasten oder besetzen.

Hängen gebliebene Astralverstorbene wirken anders als hängen gebliebene Ätherverstorbene. Sie erscheinen vor dem geistigen Auge nicht unmittelbar als sichtbare Gestalt, vielmehr ist ihre Präsenz spürbar und erfahrbar. Sie wirken in der astralischen Aura eines inkarnierten Menschen, in der Regel hängen sie im hinteren oder seitlichen Aurabereich des besetzten Menschen. Ihr Einfluss scheint zunächst subtiler zu sein, als das bei Ätherverstorbenen der Fall ist, unterschwellig kann er aber auch sehr dominant und maßgebend sein.

1. Verpflichtungsgefühl und ungelöste Bindungen

Angenommen, ein Verstorbener hat durch seinen plötzlichen Tod nur wenig Möglichkeit gehabt, sich von seinen menschlichen Bindungen zu lösen, oder es gelingt ihm nicht in einem ausreichenden Maße, sich aus dem Verpflichtungsgefühl gegenüber seinen Hinterbliebenen zu befreien, so kann er mit seiner Aufmerksamkeit zumindest partiell an diese gebunden bleiben. Die Trauer und Besorgnis einer Mutter, die kleine Kinder hinterlässt, die Verantwortung gegenüber dem einsamen Ehepartner oder den zu pflegenden Eltern können dazu führen, dass der Verstorbene mit einem gewissen Anteil seiner Seele diese stets umkreist und weiterhin versucht, bei ihnen zu sein. Die ständige Sorge des Verstorbenen wirkt sich jedoch als seelisch belastend und erschwerend auf den jeweiligen Hinterbliebenen aus, denn sie drückt sowohl eine Selbstüberschätzung bezüglich der eigenen Wirkungsmöglichkeiten als auch einen Mangel an Vertrauen in die Stimmigkeit der Schicksalsgegebenheiten aus.

Ein Mann stirbt im Alter von achtundsechzig Jahren. Er ist ein bestimmender und recht cholerischer Mensch gewesen. Sein Fokus galt in seinen letzten Lebensjahren vor allem seinem einzigen Enkel, der ohne Vater aufwächst und im Gegensatz zu ihm ein überaus sanftmütiges, weiches und verträumtes Wesen hat. Der Großvater verachtet den behutsamen Erziehungsstil der Großmutter und der Mutter. Er ist der Ansicht, dass man den Jungen zu einem «richtigen Mann» erziehen müsste. Nach seinem Tod fühlt sich der Großvater weiterhin verpflichtet, sein «männliches» Erziehungsprinzip fortzusetzen. Seine dominanten Seelenanteile besetzen den Jungen, der mit der Zeit unerklärliche Wesens- und Verhaltensänderungen aufweist. Plötzliche Wutanfälle und aggressives Handeln wechseln sich ab mit apathischen Phasen des Kindes, sein Sozialverhalten wird immer belastender und unberechenbarer.

In der therapeutischen Arbeit erkennt die Mutter die Wirkung des verstorbenen Großvaters auf den Jungen und kann diese Besetzung auflösen.

In solchen und ähnlichen Fällen geht es also um noch nicht ausreichend gelöste Bindungen bzw. um seelische Abhängigkeit, die ihren Ursprung sowohl in einem Verpflichtungsgefühl als auch in unverarbeiteten Macht-, Eifersuchts- oder Besitzthemen haben kann.

2. Süchte und Zwänge

Süchte und Zwänge, die einen der ausgeprägtesten Prototypen von Abhängigkeit darstellen, haben überaus starke Auswirkungen nach dem Tod. Sowohl die stoffgebundenen Süchte, wie Alkohol-, Drogen- und Esssucht, als auch die stoffungebundenen Süchte, wie Spielsucht, Sexsucht, Kaufsucht, Genusssucht, Computersucht, Arbeitssucht etc. entspringen tief liegenden, verdrängten und nicht gelösten psychischen Problemen. Dieses gesamte Abhängigkeitsfeld fällt also in den Bereich des unverarbeiteten Seelischen eines Menschen und zeigt in der Astralwelt gravierende Folgen auf. Der physische Leib kann nun nicht mehr als Instrument der Suchtbefriedigung dienen, doch die seelische Abhängigkeit bleibt nach dem Tod weiterhin bestehen. So kommt es recht häufig vor, dass der Verstorbene bestrebt ist, seine noch immer bestehende Sucht durch die Besetzung von inkarnierten Menschen zu stillen, bei denen er sich eine gewisse Befriedigung seiner Sucht erhofft. Seine unerlösten Seelenanteile haften sich an die astralische Aura des inkarnierten Menschen, sie nähren sein Abhängigkeitsgefühl und verstärken sein Suchtverhalten; oder sie hängen sich an Orten mit entsprechender Schwingung fest, wie beispielsweise Drogenumschlagplätze, Spielhallen, Bordelle, Kneipen, Einkaufszentren etc. Solche Orte bilden ein in der entsprechenden Weise wirkendes energetisches Feld und haben eine fühlbar drückende oder saugende Atmosphäre.

3. Verzerrte Selbstbilder und verdrängte Persönlichkeitsanteile

Ein weiteres generelles Problemfeld in der Selbstbegegnung eines Menschen stellt ein verzerrtes Selbstbild dar, wie das zum Beispiel bei Selbsterhöhung oder bei Selbstverneinung der Fall ist. Bei Selbsterhöhung liegt ein Grundempfinden von Minderwertigkeit vor, ein Gefühl, vor der Welt gering zu sein und sich gleichzeitig selbst nicht zu genügen. Dieses halbwertige Selbsterleben wird durch eine Scheingröße aufgewogen: Man bläst sich auf zu etwas, was man gerne wäre. Bei Selbstverneinung trifft man ebenfalls auf ein schwaches Selbstbild, das jedoch die Tendenz zur Negation des eigenen Potenzials aufzeigt. So oder so, all diese Fälle gründen in mangelnder Selbstliebe und in einem geringen Selbstwertgefühl. Für solche Menschen ist es auch noch in der Seelenwelt entsprechend schwierig, ein gesundes Verhältnis zu sich selbst herzustellen und bereits zu Lebzeiten ausgeblendete Seelenanteile zu integrieren. Sie haben weiterhin die Tendenz, sich mit der vertrauten Rolle zu identifizieren, und scheuen sich, Verantwortung für das zu übernehmen, was sie nicht an sich selbst sehen mögen.

Ähnliche Auswirkungen können auch Seelenanteile von Charakterzügen und persönlichen Merkmalen haben, die nicht zur Vorstellung der eigenen Idealpersönlichkeit passen. Es geht hier also um dissoziierte Seelenanteile, wie das beispielsweise bei Verdrängung von sexuellen Neigungen, von Machtstrebungen, von Neid- und Hassgefühlen etc. der Fall sein kann. Wenn die eigene seelische Wirklichkeit, der man nun in der Astralwelt begegnet, zu stark vom Selbstbild abweicht und diese Diskrepanz nicht verkraftet bzw. nicht angenommen wird, so kann dies dazu führen, dass diese verleugneten Seelenanteile sich verselbstständigen und weiterhin nach einem Wirkungsfeld suchen. Sie finden dann eben Anklang bei inkarnierten Menschen mit einer ähnlichen Seelenstruktur oder mit ähnlich gearteten Problemthemen.

Ein Mann, der als ehrbarer Familienvater galt und sich selbst als moralisch anständig empfand, jedoch über Jahrzehnte hinweg regelmäßig Bordelle besuchte, sieht sich nun in seiner Lebensaufarbeitung in dem Dilemma, sich mit seinen verdrängten Seelenanteilen konfrontieren zu müssen. Da er sein Tun vor sich selbst verleugnet hat, erträgt er es nun nicht, annehmend und bejahend mit diesem Missverhältnis seiner eigenen Persönlichkeit umzugehen. Die abgespalteten Seelenanteile haften sich an seinen Sohn, der zwar anders gelagerte sexuelle Probleme hat, jedoch seelisch ausreichend Resonanz hierfür bietet. Und so beginnt der Sohn einige Zeit nach dem Tod des Vaters eine ständige Unruhe zu verspüren und den unablässigen Drang, sich sexuelle Befriedigung über Chatlines und entsprechende Onlineportale zu verschaffen. Er gibt Unmengen Geld dafür aus, versucht die entstandenen finanziellen Schulden zu verschleiern und setzt seine Lebenspartnerschaft aufs Spiel.

Verstorbene können nicht als Ausrede für zweifelhafte Handlungsweisen gelten, denn eine astralische Besetzung findet in der Regel nur dann statt, wenn ähnliche oder zumindest korrespondierende seelische Schwingungen vorliegen. Es ist jedoch wichtig, sich dessen bewusst zu sein, dass Besetzungen in einem Problembereich wie ein Katalysator wirken können und zu Verhaltensänderungen bis hin zu gravierenden Auffälligkeiten führen können.

4. Ängste, Ideologien und Fanatismus

Einen grundsätzlichen Hemmnisfaktor in der seelischen Entwicklung eines Menschen bilden Ängste. Entsprechend erschwerend können sie sich auch im Astralbereich auswirken. Sie führen die Seele zu einem Erlebnis von Erstarrung in der Eigenbetrachtung und behindern ihre weitere Entwicklung. Ähnlich blockierend wirken sich unrealistische und einseitige Lebensanschauungen, starre Ideologien sowie dogmatische Denkweisen aus.

Fanatismus, der ebenfalls diesen Quellen entspringt und stets mit Hass gepaart ist, wird häufig zum Auslöser von Besetzungen, wie das beispielsweise im Extremfall bei nationalistischen, extremistischen oder terroristischen Bewegungen beobachtet werden kann. Der verstorbene ideologische Eiferer findet im inkarnierten Anhänger einer bestimmten Gesinnung ein Wirkungsfeld für seine nicht durchlichteten Seelenanteile. Er hängt sich an dessen Aura an und agiert verstärkend durch diesen hindurch.

5. Schwere Traumatisierungen

Ein großes Erlebnisfeld, das tiefe seelische Spuren hinterlässt, bilden Schocks und Traumatisierungen. Sowohl Opfer als auch Täter von Misshandlungen, Gewalttaten, Folter, Vergewaltigungen, Morden etc. können das Erlebte häufig auch über den Tod hinaus nicht verkraften. Das gilt natürlich nicht für alle Betroffenen, doch für viele von ihnen sind die erschreckenden Erfahrungen so bestürzend, schmerzhaft oder beschämend, dass sie nicht nur auf der ätherischen, sondern auch auf der Astralebene nicht integrierend angenommen werden können. In zahlreichen Fällen bleiben hier auch unverarbeitete Seelenanteile am Schauplatz des Geschehens oder an den Tatorten zurück und belasten diese energetisch.

6. Mehrfachbesetzungen

Wenn ein besetzter Mensch verstirbt, so kommt es meist vor, dass er seine Besetzung im Nachtodlichen nach wie vor nicht durchschaut. Somit hat er keine Möglichkeit, sich diesen belegten Bereich seines Wesens wieder anzueignen und die gestörte Integrität seines Selbst bewusst zu ergreifen. Demzufolge handelt er weiter im Sinne seiner eigenen Besetzung und besetzt seinerseits einen weiteren inkarnierten Menschen, bei dem er ein entsprechend passendes Schwingungsfeld vorfindet. Das führt zu Mehrfachbesetzungen, die in der Erlösungsarbeit erst erkannt und dann Schicht für Schicht ausgeräumt werden müssen.

7. Psychische Erkrankungen

Mehrfachbesetzungen sind auch häufig bei psychischen Erkrankungen vorzufinden. Bei schizophrenen und wahnhaften Störungen wie auch bei dissoziativen Persönlichkeitsstörungen liegen *in der Regel* Besetzungen von Verstorbenen vor. Bei Psychosen, Zwangsstörungen, paranoiden und schizoiden Persönlichkeitsstörungen, bei manchen Phobien wie auch bei schweren Formen von Depression *können* Besetzungen vorliegen.

Wenn ein Mensch stirbt, dessen Seelenerleben zur Lebenszeit nicht in einer gesunden Weise zentriert gewesen ist, gestaltet sich auch seine Zeit in der Astralwelt als ausgesprochen schwierig. Sein Verhältnis zu sich selbst ist durch die Erkrankung bzw. durch die Besetzung in einem gravierenden Maße zerrüttet gewesen. Seine Innen- und Außenwelt standen in einem Missverhältnis zueinander. Viele seiner Handlungen hat er nicht in einer geführten Weise aus seinem Wesen heraus vollziehen können, dies hat er bereits im ätherischen Lebensrückblick als irritierend erlebt. Dementsprechend fremd und verwirrend empfindet er die Art der Selbstbegegnung, die dem astralischen Rückblick eigen ist. Seine Innenwelt kommt ihm jetzt in einer unverständlichen Weise von außen entgegen, er kann sich mit vielen Ereignissen seines Lebens nicht identifizieren und diese dementsprechend auch nicht integrieren.

In einem solch konfusen Zustand sucht ein Verstorbener meistens Anschluss an die vertraute Welt seiner Hinterbliebenen oder der Einrichtung, in der er gelebt hat. Er erhofft sich Halt und Hilfe durch sie, doch aus einer so stark bedürftigen und verstörten Verfassung heraus kann er schnell besetzend wirken und zu einer ernsthaften seelischen Belastung oder Bedrohung für die betroffenen Bezugspersonen werden.

8. Selbstmörder

Suizidenten sind im Grunde genommen zugleich Opfer und Täter ihres Handelns. Nicht nur auf der ätherischen Ebene, sondern auch in der Seelenwelt haben sie meist große Schwierigkeiten, die Auswirkungen ihrer Tat auszuhalten und sich selbst zu vergeben. Sie realisieren, dass sie sich durch die Selbsttötung von der geistigen Welt abgewandt und das Schöpfungsprinzip missachtet haben. Die Erfüllung ihres angelegten irdischen Schicksals ist für dieses Mal verwirkt. Ihre verdunkelte Innenwelt umgibt sie über längere Zeiträume in düsteren, erschreckenden

Bildern, gleichzeitig erleben sie «am eigenen Leib» den tiefen Schmerz der Hinterbliebenen. Das erfüllt sie mit Trauer und Bedauern und zieht sie häufig zu ihren Angehörigen zurück. Der Zustand eines solchen Astraltoten kann sich wie eine graue, drückende energetische Wolke auf seine Familie legen. Erschöpfungs- oder Angstzustände, Depressionen oder Suizidgedanken der Angehörigen können die Folge sein.

Ein zweiundreißigjähriger drogensüchtiger Familienvater begeht Selbstmord. Er hinterlässt eine junge Ehefrau und zwei kleine Kinder. Er bleibt zunächst für längere Zeit in einer erdennahen Zwischenwelt hängen, befindet sich in einem fürchterlich verzweifelten Zustand, umkreist ständig sowohl die Familie als auch das Drogenmilieu, das ihn stark geprägt hatte. Die Kinder klagen wiederholt über Albträume, seine Ehefrau, die ihn häufig bei sich spürt, begleitet ihn durch intensive Gebete. Sie bringt ihm unermüdlich Verständnis, Liebe und Mitgefühl entgegen, mit der Zeit schafft er es langsam, sich schrittweise von der Erde zu entfernen. Doch auch in der Astralsphäre verfolgt ihn noch sein desaströses Handeln gegenüber seiner Familie. Seine Frau erlebt ihn zwar nicht mehr so konkret wie zuvor, dafür fühlt sie sich ständig erschöpft und niedergedrückt. Als eines der Kinder plötzliche Krampfanfälle bekommt, reagiert sie geistesgegenwärtig und sucht sofort therapeutische Hilfe auf. Ihr ist bewusst, dass sie diese Belastung nicht mehr allein bewältigen kann. Es geht nun darum, das gesamte energetische Feld der Familie zu reinigen und zu schließen, damit der verstorbene Mann nicht mehr willkürlich und belastend eingreifen kann.

Die intensive Begleitung von Suizidenten kann durchaus eine belastende Aufgabe sein, denn auch die liebevollsten Bemühungen können zu einer Überforderung führen, was einer Besetzung wiederum Tür und Tor öffnet. Doch ein wachsamer und bewusster Umgang mit diesem Problembereich schützt die Hinterbliebenen und bildet die gesunde Grundlage für eine reale Hilfe, die man dem Verstorbenen zukommen lassen kann.

*

Zusammenfassend lässt sich sagen, dass Belastungen und Besetzungen durch Astralverstorbene unterschiedliche «Schweregrade» und vielfältige Folgen in der Erdenwelt haben können. Sie können Orte, Landschaften und Menschen, soziale Gruppen, Institutionen und Firmen betreffen. Im Persönlichen können sie sich sowohl auf der seelischen als auch auf der physischen Ebene bemerkbar machen. Ähnlich wie in Bezug auf die Ätherwelt sind wir auch hier aufgefordert, aufmerksam mit uns selbst und mit unserer Umgebung umzugehen. Wir sind verantwortlich für unsere eigene wie auch für die uns umgebende Seelenwelt, und wir haben immer die Möglichkeit, hier erkennend, gestaltend, reinigend und heilend einzuwirken. Zudem sind wir nie allein mit unseren Bemühungen. Wie dies in den folgenden Kapiteln aufgezeigt wird, stehen uns stets Engelwesenheiten wie auch zahlreiche Verstorbene aus der höheren Astral- und aus der Devachanwelt zur Seite.

Die Zeit in der höheren Astralwelt

> Ich habe den Menschen gesehn in seiner tiefsten Gestalt,
> ich kenne die Welt bis auf den Grundgehalt.
>
> Ich weiß, dass Liebe, Liebe ihr tiefster Sinn,
> und dass ich da, um immer mehr zu lieben, bin.
>
> *Christian Morgenstern:*
> *Wir fanden einen Pfad*

Der Gang durch die Seelenwelt, der stufenweise stattfindet, wird von Rudolf Steiner als ein Entwicklungsweg durch unterschiedliche planetarische Sphären beschrieben. Gemeint sind damit Geistesregionen, also Bewusstseinsstufen, denen bestimmte Themenbereiche entsprechen. In der höheren Astralwelt entsprechen die Erfahrungswelten Aspekten wie Moralität, Religiosität und Spiritualität des Menschen. Je nach persönlicher Seelenentwicklung hat der Verstorbene lichtdurchflutete, überwältigend eindrucksvolle Erlebnisse eines Zusammenklangs mit anderen Geistwesen und ihm entsprechenden Verstorbenen; oder erschütternde Erfahrungen tiefster Einsamkeit und Isolation. Immer deutlicher wird ihm erlebbar und bewusst, was sein gewesenes Erdenleben für die gesamte Geistwelt bedeutet.

Der Zeitraum dieser Entwicklung in der Astralwelt gestaltet sich sehr individuell und hängt vorwiegend von den Herzensqualitäten des Menschen wie auch vom geistig-spirituellen Bewusstsein ab, das sich der Verstorbene während der Inkarnation erarbeitet hat. Manche Hinterbliebene gehen strikt davon aus, dass die Dauer der Aufenthaltszeit in den Seelensphären ein Drittel der Lebenszeit ausmacht, und rechnen sich dann akkurat aus, wo sich ihr Verstorbener in seinem Lebensrückblick gerade befinden müsste. Doch diese von Rudolf Steiner angeführte zeitliche Angabe ist keine fixe Rechenformel, sondern sie stellt einen relativen Durchschnitt dar, der keinesfalls davon abweichende Verläufe ausschließt. Die konkrete Begleitung von Astralverstorbenen zeigt nämlich auf, dass dieser Zeitraum in Einzelfällen um Jahre, sogar um Jahrzehnte variieren kann. Natürlich ist der Mensch nach dem Tod in bestimmte Rhythmen und Gesetzmäßigkeiten eingebunden, wie auch während seiner irdischen Biografie. Doch die jeweilige innere Reife, persönliche Begabungen und Fähigkeiten im Umgang mit dem Seelischen und dem Geistigen machen eine immer individuellere Ausprägung seiner Entwicklung nach dem Tod möglich.

Nicht nur, dass es Astralverstorbene gibt, die eine besonders kurze oder eine besonders lange Zeit mit der Arbeit an ihrem Lebensrückblick verbringen; es gibt auch Seelen, die parallel zu ihrer Aufarbeitung der letzten Inkarnation noch weitere Aufgaben in den geistigen Bereichen übernehmen. Diese Astralverstorbenen sind geistig sehr wach und bereit, aktiv an der Entwicklung der Erde mitzuwirken. Ihr Wesen ist in einer zutiefst aufrichtigen Weise an den Belangen der Welt interessiert, somit fühlen sie sich für das Weiterkommen der Erde verantwortlich. Auch die Zusammengehörigkeit von irdischer und geistiger Welt ist ihnen ein Selbstverständnis. Viele dieser Seelen bearbeiten ihr Persönliches oft relativ zügig, da bei ihnen bereits während der Inkarnation eine bewusste und ehrliche Auseinandersetzung mit den eigenen Schattenanteilen stattgefunden hat. Nun widmen sie sich zeitlich viel schneller und intensiver als andere dem Überpersönlichen und stellen sich für verschiedene Aufgaben zur Verfügung.

Meistens übernehmen solche Astralverstorbene ein besonderes Arbeitsfeld, in dem sie gemeinsam mit Engelwesenheiten und mit gleichgesinnten Astral- oder Devachanverstorbenen wirken. Sie können beispielsweise die Aufgabe übernehmen, Menschen, die den Schwellenübergang gerade überschritten haben, zu begleiten oder Naturkatastrophen- und Unfalltote in der Äthersphäre zu empfangen und aufzuklären. Hierzu ein Beispiel:

Ein Mann, der sein ganzes Wirken mit einem aufrichtigen Erkenntniswillen und einer außergewöhnlichen Offenheit menschlich-sozialen Zusammenhängen und geistig-spirituellen Phänomenen gewidmet hat, stirbt im Alter von vierundachtzig Jahren. Nach nur zwei Jahren beginnt er, parallel zu seiner Kamaloka-Aufarbeitung, sich der Aufgabe zu widmen, Menschen beizustehen, die bei Katastrophen, Flugzeugabstürzen oder Terroranschlägen ihr Leben verlieren. Diese Menschen erleben einen sehr plötzlichen, unerwarteten und manchmal auch grausamen Tod, sie sind zunächst schockiert und desorientiert. Gemeinsam mit anderen hilfreichen Wesenheiten empfängt sie dieser Astralverstorbene, klärt sie über geistige Zusammenhänge auf und begleitet sie weiter ins Licht.

Fortgeschrittene Astralverstorbene können auch bestimmten Menschengemeinschaften bei ihren gesellschaftlich-sozialen Aktivitäten zur Seite stehen, sie können Gruppierungen Hilfe gewähren, die sich für das Wohl der Erde einsetzen, wie das beispielsweise im Zusammenhang mit geomantischen oder Umweltschutzaktivitäten der Fall ist.

Eine mit Mitte dreißig verstorbene Geomantin beginnt bereits ein knappes Jahr nach ihrem Tod, sich von der Astralebene aus Erdheilungsaufgaben zu widmen. Sie ist eine überaus feinfühlige, spirituell veranlagte Frau gewesen, die sich zu Lebzeiten ganz intensiv für die Arbeit an der Erde im Einklang mit den entsprechenden Lebens- und Landschaftsenergien eingesetzt hat. Nach einer sehr konzentrierten und schnellen Kamaloka-Zeit stellt sie sich nun geomantisch arbeitenden Gruppen, die sie um Hilfe bitten, für ihre jeweilige Arbeit zur Verfügung. Sie kann als Geistwesen bis in die ätherische Aura der Erde hinein wirken und gemeinsam mit Elementarwesen und Landschaftsengeln belastete Orte ätherisch reinigen und heilen.

Wenn es sich um bestimmte Entwicklungs- und Heilprozesse handelt, die in selbstloser Weise durchgeführt werden, können diese Astralverstorbenen nicht nur Menschengruppen, sondern auch einzelnen Erdenmenschen in einem konkreten Zusammenhang Hilfe zukommen lassen:

Ein junger Arzt stirbt im Alter von dreiunddreißig Jahren. Auch er ist ein spirituell suchender Mensch gewesen, künstlerisch hochbegabt, mit einem ausgesprochenen Interesse für Geisteswissenschaft und Heilkunst. Durch seine schwere Erkrankung hat er sich in seinen letzten Lebensjahren intensiv mit dem Tod beschäftigt. Er durchschreitet sehr schnell den Gang durch seine Kamaloka-Zeit, und drei Jahre nach seinem Schwellenübergang stellt er sich für die Erlösung einzelner, hängen gebliebener Verstorbener zur Verfügung, wenn inkarnierte Menschen eine solche Arbeit durchführen und ihn hierbei um Unterstützung bitten. Darüber hinaus ist er bereit, bei Heilprozessen mitzuwirken, wenn ein inkarnierter Arzt eine entsprechend konkrete geistige Zusammenarbeit sucht.

Die möglichen Aufgabenfelder dieser fortgeschrittenen Astralverstorbenen sind zahllos und werden in Freiheit von ihnen selbst gewählt. Die Arbeitsbereiche, für die sie sich einsetzen, entsprechen ihrem Wesen, ihren geistigen Interessen und den von ihnen erworbenen Fähigkeiten während ihrer letzten Inkarnation. Sie haben nicht nur einen sehr klaren, starken Impuls, sich selbstlos in bestimmten Bereichen einzubringen, sondern auch die dazu nötige geistige Kraft. Diese entstammt einem tiefen Verständnis für die Welt, das ihnen eigen ist, wie auch einer aufrichtigen Liebe für das Gute, Schöne und Wahre im Sinne des Christus-Wesens.

Astralverstorbene aus den höheren Sphären der Seelenwelt erscheinen kaum mehr gestalthaft, sondern eher als ein konzentrierter Bewusstseinsfokus. Sie wirken durchlässiger, lichter und viel freier von ihren menschlichen Persönlichkeitsmerkmalen. Trotzdem erkennt man sie leicht in der Begegnung, da ihr inneres Wesen etwas Prägendes und ihnen sehr Entsprechendes aufweist. Sie haben eine viel größere Wesensbeweglichkeit und reagieren sehr zügig in der gemeinsamen Kommunikation. Sie können wie aus dem Nichts auftauchen, agieren ganz unmittelbar und effizient und ziehen sich ebenso schnell auch wieder zurück.

Sie *wollen* also helfen, ihre Bereitschaft, aktiv tätig zu sein, wirkt sich wie ein Kräfteüberschuss aus, aus dem heraus sie sich mit Leichtigkeit zwischen unterschiedlichen Bewusstseinszuständen und Aufgabenfeldern hin- und herbewegen können. Somit dürfen und können wir sie um Hilfe bitten, wenn wir wissen, dass sie sich für ein bestimmtes Aufgabengebiet zur Verfügung stellen. Es ist nicht unbedingt notwendig, sie aus ihrer Lebenszeit gekannt zu haben. Genauso gut ist es möglich, eine erste Begegnung mit einem solchen Astralverstorbenen während einer Meditation zu haben. Eine entsprechende gemeinschaftliche Arbeit kann über die Zeit hinweg dazu führen, dass man ein festes «Team» bildet, welches sich für gewisse Tätigkeitsbereiche einspielt und Hand in Hand arbeitet.

Meiner Erfahrung nach ist die Hilfe fortgeschrittener Astral- und Devachanverstorbener unabdingbar im tätigen geistigen

Wirken inkarnierter Menschen. Sie selbst erleben es als freudige Erfüllung, wenn wir sie in ein gemeinsames Tun einbinden, in welchem sie ihre kraftvollen und heilsamen Fähigkeiten einbringen können. Sie können uns zu innigen Geistesfreunden werden, mit denen wir in einem neuen Gemeinschaftsbewusstsein fördernd und helfend am Werden der Welt tätig werden.

Der Astraltod

> Wer einmal frei
> vom großen Wahn
> ins leere Aug
> der Sphinx geblickt,
> vergisst den Ernst
> des Irdischen
> aus Überernst
> und lächelt nur.
>
> *Christian Morgenstern:*
> *«Der Wissende»*

Je mehr eine Seele ihr Persönliches bearbeitet, reinigt und durchlichtet, desto mehr schreitet sie in der Astralwelt fort. Bildlich gesprochen, löst sie sich Schritt für Schritt von den Seelengewändern, in die sie eingekleidet war und die zu Lebzeiten ihr Innenleben gebildet haben. Je mehr Bewusstsein für das Geistige sie im irdischen Leben gehabt hat, desto bewusster und wacher gestaltet sie diesen Prozess mit.

Die letzte Etappe in der Seelenwelt befindet sich in einem Bewusstseinsbereich, den Rudolf Steiner als die «Sonnensphäre» benennt. Es ist eine Welt der Weltenklänge und Weltenharmonien, in der die menschliche Seele das, was eng mit ihr selbst zu tun hatte, weitgehend abgelegt hat. Die auf Erden gelebte Verbindung des Menschen mit den urchristlichen Idealen von Wertschätzung und Liebe gegenüber allen Geschöpfen, von Verständnis und Mitgefühl, von Herzensoffenheit und Toleranz über alle Religionen und Konfessionen hinweg bildet nun die Grundlage seines Bewusstseins und seiner Wahrnehmung in diesem Bereich. Wenn er auf Erden «den Menschen im Menschen» im Sinne des Christus gesehen hat, so erkennt er hier *«den Sinn alles Zusammenwirkens der Sternenwelten in den Weltenharmonien, in der Weltenmelodik»*[4]. Die Urgesetze des Daseins enträtseln sich ihm, die Sonnensphäre bereitet ihn darauf vor, die Seelenwelt zu verlassen und das Gebiet der wirklichen Geistwelt, das Devachan, zu betreten.

So wie der Mensch beim Verlassen der irdischen Welt seinen physischen Leib und beim Verlassen der ätherischen Welt seinen Ätherleib ablegen musste, so steht ihm nun das Ablegen seines Astralleibs bevor. Von all der durch ihn bearbeiteten Substanz seines Seelenleibes bleibt lediglich eine komprimierte Essenz zurück, die Quintessenz seines Seelischen, die ihm für spätere Inkarnationen zur Verfügung stehen wird.

Der Mensch erlebt beim Heraustreten aus der Seelenwelt, wie er sich immer weiter und weiter in den geistigen Kosmos hinaus ausdehnt; er wird immer größer und größer, bis er eine Dimension kosmischer Unendlichkeit angenommen hat. Er wird nun selbst zum Universum, er umspannt jetzt das gesamte geistige All. Gleichzeitig stülpt sich auf einmal der ganze Kosmos in sein eigenes Wesen hinein, sodass der Verstorbene diesen ganz umfassen und in sich, innerhalb seines ausgedehnten Wesens, wahrnehmen kann. Er schaut sozusagen auf die Erde, auf alle Planeten, auf den gesamten kosmischen Raum hinab, der sich innerhalb seiner Wesenheit befindet. Der Devachanmensch ist selbst das «Außen» der Welt geworden, die nun sein Innenraum geworden ist.

Das Geschehen ist dieses Mal von einem überwältigenden und viel intensiveren Ausmaß, als das beim Übergang von der

4 Rudolf Steiner: *Der übersinnliche Mensch*, GA 231, Dornach [4]1999, S. 118.

Äther- in die Astralwelt der Fall war. In der Astralwelt hatte der Mensch bereits die Erfahrung der Umstülpung seiner seelischen Innen- und Außenwelt gemacht. Doch hier geht es um eine noch grundsätzlichere Umkehrung: *Sein eigener Wesenskern* wird nun zum geistigen Universum, das ihm wiederum zum eigenen Innersten wird.

Dies ist ein kaum zu beschreibender Prozess. Wenn er innerlich mitgegangen wird, stellt er das Fassungs- und Erlebnisvermögen eines inkarnierten Menschen in einer bestürzenden Weise auf den Kopf. Anfänglich hat man den Eindruck, als ob das eigene Wesen sich dabei verflüchtigen, auflösen und sich im Kosmos verlieren würde. Es kann jedoch meditativ erübt werden, diesen Weg der Ausdehnung und Umstülpung innerlich zu begleiten; dabei überwindet man die Angst vor Selbstverlust.

Der Verstorbene ist nun Geist unter Geistern geworden. Er betritt das Devachan. Dies ist der Bereich des rein Geistigen, der herkömmlich als «Himmel» bezeichnet wird. In dieser Sphäre erlebt er die anderen Devachanverstorbenen, auch Sphärenmenschen genannt, in der gleichen Ausdehnung wie sich selbst auch. Sie durchdringen sich gegenseitig und wirken gemeinsam am Werden und an der Gestaltung unserer Erde.

Die Zeit in der Devachansphäre

Steht nicht an meinem Grab und weint,
ich bin hier nicht, ich schlafe nicht.
Ich bin die tausend Winde,
das Diamantenglitzern auf dem Schnee.
Ich bin der Sonnenschein auf reifem Korn,
ich bin der sanfte Herbstregen.
Wenn ihr aufwacht in der Morgenstille,
bin ich der schnelle Flügelschlag
stiller Vögel im kreisenden Flug.
Ich bin der Stern, sein mildes Licht in der
Nacht.
Steht nicht an meinem Grab und weint,
ich bin hier nicht.

Mary Elizabeth Frye: Mut und Gnade

Die Welt des Devachan ist eine Welt majestätischer Schönheit. Sie ist mittels der Vorstellungsbilder unserer Erdenwelt kaum darzustellen. Es ist eine klangvoll tönende Welt der Sphärenmusik und der leuchtenden Sphärenharmonien. Von hier aus gestalten sich die Kräfte des Universums als ein lebendig pulsierender Weltenrhythmus, als ein harmonischer Gleichklang, der alles Dasein durchdringt und verlebendigt. Die Bezeichnung Devachan kommt aus dem Sanskrit und bedeutet göttliche Himmelswelt. *«Deva heißt Gott und Chan heißt Gebiet, Wohnung; Devachan bedeutet also Gottesgebiet.»*[5] Hier leben und wirken

5 Rudolf Steiner: *Kosmogonie*, GA 94, Dornach [2]2001, S. 134.

die höchsten Hierarchien und zusammen mit ihnen die Devachanverstorbenen.

Der Mensch, der die Astralwelt verlassen hat, betritt nun diese erhabene Welt des lebendig Geistigen. In den Astralsphären ist er vorwiegend fühlend, empfindend und erlebend damit beschäftigt gewesen, sich mit seinem eigenen Seelischen auseinanderzusetzen. Er konnte sein Persönliches überwinden, indem er die Erfahrung machte, dass ausnahmslos all sein Subjektives Folgen und Auswirkungen auf die Welt gehabt hat und somit ein real Objektives für die Welt wurde. Aus diesem Erleben heraus konnte sich der Mensch ein überpersönliches und damit der Geistwelt entsprechendes Verständnis für sich und sein gewesenes Leben erwerben.

Das Bewusstsein, das er sich in diesem Prozess errungen hat, wird ihm nun, in der Devachansphäre, zu einem *Lichtbewusstsein*, also zu einer inneren Leuchtkraft, mit der er die Geistwelt wahrnehmen kann. Von der Stärke seines Bewusstseins hängt also seine Fähigkeit ab, diese Geistbereiche, die er neu betritt, durchlichten und erkennen zu können. Wiederum die Kraft, mit der der Mensch im irdischen Leben in seinem Ich stand, seine Spiritualität und seine Verbundenheit mit dem Christus-Wesen entscheiden über seine *Wachheit* in diesen Reichen.

In der Seelensphäre war der Verstorbene vorwiegend auf sich selbst fokussiert, sein Eigenes war ihm zur Welt geworden. In der Geistwelt erlebt er sich wiederum umgestülpt und ganz offen und empfänglich für die Welt, die ihm nun zum eigenen Selbst wird. Das *fühlende* Gerichtetsein auf sich selbst gestaltet sich hier folglich um zu einem *willenshaften, tätigen* Wirken und Mitgestalten an der Welt; vorausgesetzt, der Mensch ist fähig, sein Bewusstsein hierfür aufrechtzuerhalten.

Die Welt des Devachan ist eine Welt der geistigen Brüderschaft. So wirken Devachanverstorbene immer in Gemeinschaften, die sich aus zahlreichen gleichgesinnten Sphärenmenschen wie auch aus höheren Geistwesen bilden. Aus ihrem Ausgedehntsein heraus konzentrieren sie ihre Kräfte auf ein konkretes Aufgabengebiet, in welchem sie dann tätig werden. Ihr Bestreben ist es, die Zukunft der Erde vorzubereiten. Sie selbst befinden sich bereits auf dem Weg zu einer neuen Inkarnation hin, für welche sie bestimmte Bedingungen im Irdischen benötigen werden. An diesem Werden der Erde bauen sie, für ihre eigene und für die gesamte Menschheitsentwicklung. So gesehen ist es der Mensch selbst, der das Antlitz der Erde formt und sich seine künftige Welt erschafft.

Dies kann beispielsweise im substanziellen Pflanzenwachstum, im Wirken mit den Elementen, in Licht- und Naturphänomenen geschehen. Devachanverstorbene können Naturkräfte handhaben und sich der Zusammenarbeit mit Elementarwesen bedienen, um an der Gestaltung der Erde tätig zu sein. Rudolf Steiner beschreibt dies folgendermaßen: *«Sehen wir draußen eine Pflanze, die vom Sonnenlicht sich nährt: sie empfängt nicht nur das physische Licht, sondern in Wahrheit die Tätigkeit geistiger Wesen, und unter ihnen sind auch diese Menschenseelen. Sie selbst strahlen als Licht auf die Pflanzen nieder, sie umschweben die Pflanzen als geistige Wesenheiten. Wenn wir die Pflanzen mit geistigem Auge betrachten, so sagen wir: Es erfreut sich die Pflanze der Einwirkung der toten Menschen, die sie umschweben und die im Lichte um sie wirken und weben. – Und wenn wir jetzt verfolgen, wie die Pflanzendecke auf der Erde sich ändert, und fragen: Wer hat das gewirkt? – so sagen wir: In dem Lichte, das unsere Erde umspült, wirken die toten Menschen; da ist wirklich Devachan.»*[6]

Auch in allen Erscheinungen der Jahreszeiten, in der Pflege

6 Rudolf Steiner: *Die Theosophie des Rosenkreuzers*, GA 99, Dornach ^{7}1985, S. 49.

von Landschaften, in der Gestaltung von Orten leisten die devachanischen Sphärenmenschen Dienst an der Erde:

Eine Verstorbene, mit der ich innig verbunden gewesen war, aber über längere Zeit keinen Kontakt mehr gepflegt hatte, erschien mir etwa fünfundzwanzig Jahre nach ihrem Tod ganz unerwartet wieder. Ich spürte in diesem Moment ihre gebündelte Gegenwart, konnte sie aber nicht geistig «sehen», wie das sonst bei Äther- oder Astralverstorbenen der Fall ist. Ich war darüber verwundert, konzentrierte mich aber mit meiner ganzen Herzenskraft auf sie. Auf einmal merkte ich, wie ich mich gemeinsam mit ihr immer mehr ausdehnte, über das Zimmer, in dem ich war, und über das Haus hinweg, über die Stadt und die Landschaft, über die Erde in den Kosmos hinaus. Es überkam mich zunächst eine leise Angst, ich zentrierte mich aber in meinem Ich und ließ das Geschehen zu. In diesem Zustand des Ausgedehntseins erlebte ich gemeinsam mit der Verstorbenen, wie ihr Wesen die ganze Welt umspannte. Gleichzeitig war sie von anderen Wesen durchdrungen, die in der gleichen Weise ausgedehnt waren. Ich konnte von dort aus die Erde sehen, umwoben von unzähligen farbigen, sich bewegenden Schleiern, die aus verschiedenen Schichten von miteinander wirkenden Wesenheiten gebildet wurden. Die Landschaften der Erde strahlten in den unterschiedlichsten Formen und Gestalten. Ganze Völker von Geistwesen, große und kleine, arbeiteten ganz hingegeben an diesen Gebilden, bis in die feinste Einzelheit hinein. Die Erde leuchtete wie ein großes, atmendes Wesen, sie war ein lebendiges Ganzes, das aus dem Wirken und aus den Licht- und Liebeskräften unzähliger Wesen bestand.

Ich wandte mich zu meiner Begleiterin und fragte sie, was ihre Aufgabe in diesem Geschehen sei. Kaum hatte ich innerlich diese Frage gestellt, schon zog sie mich in Windeseile auf die Erde hinunter. Wir befanden uns plötzlich in einer mir unbekannten

Stadt, in einem kleinen Innenhof zwischen zwei Häusern. Es war eine stille, kalte Nacht, und frischer Schnee lag auf dem Boden. Dort zeigte sie mir, wie sie gemeinsam mit anderen aus ihrer Gruppe den Schnee «fegte». Sie gingen so vor, dass sie die Schneeflocken, die sanft auf die Erde niederfielen, mild ordnend zu einer weiß-glitzernden Decke formten und die Erde sanft damit bedeckten. Weiter zeigte mir diese Devachanverstorbene, wie einige aus ihrer Gruppe die Luft in diesem kleinen Innenhof bearbeiteten. Sie wirkten so, dass die kalte Luft nach Schnee roch, dass die Atmosphäre frisch und belebend wurde und dass die Erde an dieser Stelle freudig atmen konnte. Da wurde mir bewusst, dass wir in all unseren Empfindungen gegenüber der Erdenwelt die Arbeit solcher Devachanverstorbener erleben. Das, was wir als «physische Naturerscheinung» wahrnehmen, ist nicht nur das Wirken von Elementarwesen. Wenn wir eine bezaubernde Schneelandschaft erblicken, die uns berührt, wenn wir eine frische Brise einatmen, die uns belebt, so leben wir ganz im Beschenktsein und in den Erdenberührungen dieser devachanischen Wesenheiten. Wenn wir der Schönheit unserer Welt gewahr werden, die Tag für Tag eine andere ist und die uns zutiefst beglücken kann, so erfahren wir unmittelbar das selbstlose Tun von Devachanverstorbenen, ihre Liebe für die Menschheit und für die Erdenwelt.

Natürlich beschränkt sich der Dienst der Devachanverstorbenen nicht nur auf die Erde als solche. Ebenso agieren sie in alle persönlichen und sozialen Bereiche der inkarnierten Menschen hinein. Sie werden wirksam in den Gefühlen und Ideen der Menschen, können Inspirationen geben in Kunst, Therapie, Medizin, Pädagogik, Wissenschaft, Politik, Religion etc. Auch können sie Impulsgeber von einzelnen Persönlichkeiten, von sozialen Initiativen oder von gesellschaftlichen Bewegungen sein. Die Menschen sind sich kaum im Klaren darüber, wie konkret die Geistwelt mit ihnen und durch sie hindurch tätig ist. Umso mehr freuen sich die Devachanverstorbenen, wenn dies geschieht und sie Hand in Hand mit Individualitäten zusammenarbeiten, die sich des gemeinsamen Wirkens bewusst sind.

Nicht nur in den irdischen Bereichen betätigen sich die devachanischen Sphärenmenschen Seite an Seite mit anderen Wesenheiten. Auch im Nachtodlichen bringen sie sich für andere Verstorbene ein und übernehmen verschiedenste Aufgaben: das Empfangen und Aufklären der soeben über die Schwelle Gegangenen, das Betreuen der Kindstoten, das Pflegen unterschiedlicher ätherischer und astralischer Heilungsbereiche, in denen sich hilfsbedürftige Verstorbene aufhalten, das Begleiten und Erlösen von hängen gebliebenen Toten usw.

Doch nicht alle Devachanverstorbenen haben die Kraft, an diesem großen Weltenwerk mitzuwirken. Es gibt zahlreiche Menschen, denen während ihres Erdenlebens spirituelle Gedanken und Empfindungen etwas Fremdes sind. Sie entwickeln kein Herzensverständnis dafür, dass sie Teil eines Weltenganzen sind und dass das wahre Menschsein eigentlich im Geistigen gründet. Die Ich-Kraft dieser Menschen ist in diesem Sinne nicht ausreichend, um ihr Bewusstsein in der Geistwelt wachzuhalten. Auch bringen sie nicht genügend «Eigenlicht» mit, um hier ichhaft und bewusst mitzuwirken. Diese Devachanverstorbenen befinden sich also in einem unbewussten, «schlafenden» Zustand, vereinfacht gesagt: Sie verschlafen den Himmel. Ihre Engel halten und tragen sie, wirken auch an ihrer Entwicklung weiter, aber sie verrichten allein die Arbeit, die gemeinsam getan werden sollte. Diese Verstorbenen sind in der Devachansphäre weder wach noch aktiv.

Dagegen können Menschen, die im Erdenleben aus ihrem Ich heraus gelebt und sich innerlich mit dem Christus-Impuls verbunden haben, kraftvoll und bewusst in der Geistwelt wirken. Ihr Wesen hat das Vermögen, die eigene Verantwortung für das Werden der Welt zu erkennen und zu tragen, und sie haben die Geistesstärke, ganz überpersönlich der Welt zu dienen. Diese lichten und kraftvollen Sphärenmenschen bilden Gruppierungen, die unter dem Zeichen großer Erzengelwesenheiten stehen. Übereinstimmend mit der Mission des jeweiligen Erzengels begeben sie sich in entsprechende Aufgabenbereiche hinein.

Devachanverstorbene, die sich zum Beispiel den Scharen des Erzengels Raphael anschließen, wirken unter anderem in heilenden Zusammenhängen. Der Name «Raphael» bedeutet «Gott heilt» oder «göttlicher Heiler». Seinem Wirken im Erdenreich unterliegen nicht nur Heilung und Regeneration der Menschen auf leiblicher, seelischer und geistiger Ebene; er ist beispielsweise auch für die Erneuerungs- und Verjüngungsprozesse der Erde zuständig. Entsprechend wirken seine Engel und die zu ihm gehörenden raphaelitischen Sphärenmenschen.

Erzengel Gabriel, der Erzengel der Verkündigung, ist, unter anderem, der himmlische Gebieter über die Kräfte der Hoffnung und der Geburt. Seine Engel und Sphärenmenschen begleiten die Seelen ungeborener Kinder durch die Schwangerschaft und die Geburt, sie bringen in anderen Lebensbereichen das Verborgene ans Licht, sie wirken in den Hoffnungskräften der Menschen und beschenken diese mit Trost und Zuversicht.

Eine der kraftvollsten Gruppierungen sind die michaelitischen Devachanverstorbenen. Michael bedeutet «Wer ist wie Gott?», er wird auch das «Antlitz Christi» genannt. Er ist der Erzengel der Sonne, der Vertreter des geistigen Lichts gegenüber dem Dunklen in der Welt. Die ihm unterstellten Sphärenmenschen wirken an der Gestaltung der Menschheitszukunft im Sinne des Christus, sie sind an allen Prozessen beteiligt, die Mut und Opferkraft für das Lichte und Gute in der Welt erfordern. Sie inspirieren nicht nur unterschiedlichste soziale, gesellschaftliche und geistige Strömungen. Auch konkrete politische Friedensbemühungen, Organisationen, die sich dem Kampf um soziale Gerechtigkeit und Menschenwürde widmen, Vereinigungen, die sich für den Schutz der Natur und des Erdorganismus einsetzen, und viele mehr werden von michaelitischen Devachanverstorbenen impulsiert. Darüber hinaus sind sie die kraftvollsten Helfer in der Erlösung hängen gebliebener Verstorbener und in der Arbeit gegen dämonische und schwarzmagische Kräfte.

Dies sind nur kurz angerissene Beispiele, denn alle lichten Erzengel wirken im Sinne einer durchchristeten Entwicklung der Erde. Ihnen allen gesellen sich fortgeschrittene Astralverstorbene und Devachanverstorbene zu, die sich für die jeweiligen Aufgaben zur Verfügung stellen. Ein überaus kraftvoller michaelitischer Sphärenmensch schildert, wie dieses gewaltige Weltenwerk aus einem gemeinsamen Christus-Bewusstsein möglich ist: *«Wir bilden Gemeinschaften des Lichts, Brüderschaften des Geistes. Wir sind alle vereint als Christus-Brüder. Unser Wirken ist ein Wirken im Christus und mit Christus, denn Er ist der Erlöser der Welt. Mit Ihm vollzieht sich die gesamte Entwicklung der Welt. Aus dem höchsten trinitarischen Bereich ist Er hinabgestiegen bis in die tiefsten Erdentiefen, um die Erdenwelt wieder zum Vatergott emporzuheben. Dies wollen wir mit Ihm tun. – Wir selbst umfassen mit unserem Wesen das gesamte geistige planetarische System, wohl wissend, dass es ein höheres Kosmisches gibt: die Welt des Vatergottes, das trinitarische Prinzip. Wir erfühlen dieses und wollen Ihm voller Hingabe dienen. Unser Dienen ist die Erschaffung der Zukunft. Wir bewegen uns durch Entwicklungszyklen, die immense Zeiträume umfassen, mit vollem Bewusstsein für das Weltenganze. Durch jeden Willensakt wollen wir die Herrlichkeit der Him-*

melsschöpfung auf die Erde hinuntertröpfeln lassen. Wir sind eins mit dem Weltenwillen und leben ganz in dieser Liebesgeste für die Erde. Die Erde zu durchlichten, zu durchlieben, zu durchgeistigen, zu durchsonnen ist unser Wille. Weltenliebe, Selbstlosigkeit und dienende Hingabe sind das Selbstverständnis unserer Identität.»

Weiter beschreibt dieser wunderbare Devachanverstorbene die höchsten Sphären der devachanischen Welt. Er selbst, als Teil einer großen geistigen Mönchsbrüderschaft, impulsiert die Spiritualisierung der Erde. *«Diese Welt ist die Urkirche der Welt. Hier ist der Ursprung alles Religiösen. Das, was ihr Erdenmenschen Spiritualität nennt, knüpft hier an, alles Geistige bezieht sich auf diesen Bereich des wahrhaft Geistigen. Das, was Religion genannt wird und was Rückbindung an das Göttliche bedeutet, hat seinen Ursprung in dieser Sphäre und trägt die Geisterinnerung in sich, was in dieser licht- und weisheitsdurchströmten Welt geschieht. Hier ist der Tempel der Welt. Die höchsten Hierarchien sind der Trinität lobpreisend zugewandt, in einer heiligen Weltenmesse. Hier wird der Weltenkultus zelebriert. Die Meister der Menschheit und die höchsten Eingeweihten leben in dieser Sphäre und verrichten Dienst im Himmelstempel Gottes. Von hier aus lenken sie die Geschicke der Erde, ganz unabhängig davon, ob sie auf Erden inkarniert sind oder nicht. Hier ist der Quell all dessen, wovon die Erde nur ein Abglanz ist.»*

Doch wie können wir, inkarnierte Menschen, unser Bewusstsein in diese unbeschreiblich erhabene Lichtwelt des lebendig Heiligen erheben? Wie können wir überhaupt Devachanverstorbene wahrnehmen? Da die Sphärenmenschen ihr Persönliches abgelegt haben und nichts Astralisches mehr an sich tragen, können wir sie gar nicht mehr über die Vorstellungen, die wir aus ihrer Erdenzeit von ihnen hatten, erreichen. Somit sind sie für uns viel schwieriger zu erfassen als Äther- oder Astralverstorbene. Das, was wir als ihre Eigenart, ihr Naturell, ihr Charakteristikum gekannt haben, kleidet sie nicht mehr. Sie haben nicht mehr die Züge ihrer letzten Inkarnation, sondern sind regelrechte geistige Wesen mit einer ganz anderen Dynamik und Schwingung. Und doch können wir lernen, sie als geistige Präsenz zu erspüren und sie am Kern ihres Wesens zu erkennen. Natürlich öffnet uns Herzensliebe für ihr Wesen oder ein inniger Bezug zu einem bestimmten Themenbereich den Weg zu ihnen. Begegnungen mit Devachanverstorbenen können überwältigend schön und zutiefst bewegend sein. Doch wenn es um eine gemeinsame geistige Arbeit geht, schwingt in der Begegnung keine Sentimentalität oder Wehmut mit, das Aufeinandertreffen findet auf einer freundschaftlich-überpersönlichen Ebene statt. Sie erscheinen als konzentrierte geistige Gegenwart, die Arbeit mit ihnen geschieht sehr schnell und konkret, der gegenseitige Austausch dient der gemeinsamen Sache. Danach ziehen sie sich gleich wieder zurück.

Man muss keinesfalls einen Devachanverstorbenen im Leben gekannt haben, um mit ihm wirken zu können. Durch ein gemeinsames Anliegen, durch das tiefe Berührtsein von einem bestimmten Problem, durch den starken Vorsatz, in einem konkreten Bereich etwas bewirken zu wollen, kann man einen Devachanverstorbenen auch als Geistwesen neu kennenlernen und eine Zusammenarbeit mit ihm beginnen. Voraussetzung ist, dass man sich dem gleichen Aufgabengebiet zur Verfügung stellt. Devachanische Sphärenmenschen agieren stets gemeinsam mit anderen aus ihrem geistigen Verbund. Sie haben ein «All-Bewusstsein» und umfassen die vollständige Gesamtheit eines Themenkomplexes. Es genügt, einen einzelnen von ihnen als Ansprechpartner zu haben, er erscheint dann zusammen mit anderen, die sich der entsprechenden Aufgabe zur Verfügung stellen. Sie sind reiner Geist, tragen also keine «Leiber» mehr und erleben dadurch auch keine Einschränkungen, wie wir sie aus unserem irdischen Sein kennen. Sie ermüden somit auch nicht an einer bestimmten Tätigkeit, denn ihr Wesen selbst ist geistig-tätige Willenssubstanz.

Weder Engelwesenheiten noch fortgeschrittene, lichtbewusste Verstorbene, die in unmittelbarer Verbindung mit der Erdenmenschheit stehen, greifen jemals in den freien Willen eines Menschen ein oder wirken gegen bzw. über seinen Willen hinweg. Sie agieren immer freilassend, beschützend oder impulsierend, beratend oder inspirierend. Das bedeutet aber, dass sie ohne den Willen inkarnierter Menschen in vielen Bereichen *nicht tätig* werden können. Erst wenn der Erdenmensch sich selbst für etwas zur Verfügung stellt und sie dabei ausdrücklich um Hilfe bittet, können sie geistig kraftvoll einschreiten.

Devachanverstorbene nehmen die inkarnierten Menschen als unterschiedlich starke oder schwache *Lichter* wahr, die von der Erde aus in den Kosmos hinaus leuchten. Sie sehen nicht unsere physischen Gestalten, sondern unsere geistigen Auren, die, je nach innerer Konfiguration, in verschiedenen Farben und Stärken leuchten. Je liebefähiger und seelisch gereinigter ein Mensch ist, desto mehr strahlt sein Licht der Geistwelt entgegen. Je durchgeistigter und willensfähiger er ist, umso mehr kann er zum Anziehungspunkt und zum Gesprächspartner für die Devachanverstorbenen werden. Vor allem die bewusste Verbundenheit inkarnierter Menschen mit dem Christus-Impuls bedeutet Licht und geistige Nahrung für diese Sphärenmenschen. Auf die Frage, was Erdenmenschen für die Sphärenmenschen tun können, antwortete mir ein anderer michaelitischer Devachanverstorbener, mit dem ich in der Erlösung hängen gebliebener Verstorbener zusammenarbeite: *«Das Christus-Bewusstsein und Christus-Erleben der inkarnierten Menschen ist für uns von größter Bedeutung und Hilfe. Die bewussten Devachanverstorbenen können den Christus immerzu wahrnehmen. Wir Michaeliten sind in Michael und somit auch im Christus. Aber je mehr ein inkarnierter Mensch ein Christus-Bewusstsein entwickelt, desto mehr entwickeln die Devachanverstorbenen als Entsprechung ein Ich-Bewusstsein im Geistigen und sind nicht nur all-verbunden. Das ist für uns von großer Bedeutung.»*

Diesen Sphärenmenschen, die im wahrsten Sinne des Wortes unsere *geistigen Brüder* sind, verdanken wir die Verlebendigung und die ständige Neu-Impulsierung unserer Welt. Damit sie die Erde mit einer lichten Zukunft beschenken können, sind sie aber darauf angewiesen, dass wir sie immer bewusster in das innere Licht unserer Gegenwart einbeziehen. Zwischen ihnen und uns spannt sich so der große Bogen des Menschseins, gemeinsam bilden wir die zwei Enden der Brücke zwischen Erde und Himmel. Ein ichhaft durchchristetes Bewusstsein auf beiden Seiten schafft die Substanz, die Leben und Tod miteinander verbindet.

*

Am Ende dieser Zeit in der devachanischen Welt folgt für den Sphärenmenschen eine letzte bedeutende Etappe in seiner nachtodlichen Entwicklung. Rudolf Steiner nennt diese Stufe die «Weltenmitternacht». Jenseits des geistigen Planetensystems, welches die Sphären der Astralwelt und des Devachans umfasst, dehnt sich der Verstorbene ein weiteres Mal aus, nun ganz in den Sternenkosmos hinaus. Es ist ein Sich-Ausstülpen in die Unendlichkeit, aus der man die Kräfte der Sternenwelten auftankt. Hier ist der Höhepunkt der bewusstseinsmäßigen Aufwärtsentwicklung des Menschen in seinem nachtodlichen Gang. Dementsprechend wenige Verstorbene erleben diesen Bereich bei wachem Bewusstsein. Es handelt sich um die allerhöchste geistige Sphäre, zu welcher sich ein Menschenwesen aufschwingen kann: Es ist die Welt des Vatergottes. Die Weltenmitternacht ist demnach die Heimkehr des Menschenwesens zum Thron des Schöpfergottes.

Hier endet der Weg des Menschenwesens durch die nachtodlichen Sphären. Diese Kulmination ist gleichzeitig der Auftakt für den Rückweg durch verschiedene Bewusstseinssphären zu einer nächsten Inkarnation hin. Es findet eine Umkehrung der Außengerichtetheit in eine neue Innengerichtetheit statt. Die bis dahin ganz auf die Welt gelenkte Wirkungskraft des Menschen zieht sich erneut in seinem Wesenskern zusammen, wo er *«das stärkste Leben in seinem Inneren hat»*.[7] Ab hier ist der Mensch kein «Verstorbener» mehr, sondern er wird ein «Ungeborener».

7 Rudolf Steiner: *Inneres Wesen des Menschen und Leben zwischen Tod und neuer Geburt*, GA 153, Dornach ^{6}1997, S. 159.

Die dunklen Geisteswelten

Das Böse ist die Beraubung des Guten.

Augustinus:
Das Übel als «privatio boni»

So, wie ein Mensch sich bewusst für das Gute und Lichte im Leben entscheiden kann, kann er auch beschließen, sich dem Dunklen anzuschließen. Das Gute für die Welt zu wollen bedeutet noch lange nicht, es auch zu tun; und trotzdem gründet ein Leben, welches in diesem Sinne angelegt ist, auf einem anderen Fundament als ein auf Egoismus und Macht, auf Rücksichtslosigkeit und Unmenschlichkeit gerichtetes Leben. Das Böse ist eine Option der menschlichen Freiheit. Es kann unterschiedlichen Quellen entstammen, entwickelt dementsprechend zahlreiche Erscheinungsformen und hat, in all seinen Qualitäten, geistige Auswirkungen – wie alles, was vom Menschen ausgeht.

Wenn die Selbstliebe und der Egoismus eines Menschen über den Belangen der anderen steht, wenn seine Habgier und sein Machtbestreben ihn in einer lebensverachtenden Weise über andere bestimmen lässt, wenn er den Moralinstinkt, der in jedem menschlichen Wesen angelegt ist, übergeht, wenn er das Leben anderer in welcher Form auch immer missbraucht, dann ist er dem Bösen sehr nahe. Solche Menschen können dumm oder intelligent, naiv oder wohlüberlegt, wissend oder unwissend sein; gemeinsam ist ihnen ein fehlendes Mitempfinden mit dem anderen Geschöpf und ein mangelndes menschliches Einfühlungsvermögen. Sie sind sich selbst die ganze Welt geworden, alles andere hat für sie kaum noch Wert und Gültigkeit. Ihr Wesen erkennt nicht mehr, dass alles Leben göttlichen Ursprungs ist.

Ihr Herz ist ausgehöhlt, es hat vergessen zu staunen, zu achten, zu verehren, zu glauben und zu lieben. Ihr Handeln dreht sich egozentriert nur noch um das eigene Selbstprinzip.

So wie unsere tiefste Menschlichkeit im Christus-Wesen gründet, so gründet die Entmenschlichung des Menschen in Wesenheiten, die Gegenprinzipien vertreten. Somit ist das Ich solcher Menschen nicht im Christus verankert, sondern in den dunklen Hierarchien. Wie bereits dargestellt, achten alle lichten hierarchischen Wesenheiten und die dazugehörigen Verstorbenen den freien Willen inkarnierter Menschen. Die Wesen, die den Widersachern dienen, halten sich dagegen nicht an das Gesetz der Willensfreiheit des Menschen. Auch ungefragt und ungebeten versuchen sie, ihren Einfluss geltend zu machen und über die Doppelgänger der Menschen oder über Besetzungen zu agieren.

Es gibt Ahrimans Reich, in dem man sich mit seelenverhärtenden und materialisierenden Kräften verbindet und sich von ihnen auch über den Tod hinaus erfüllen kann. Es gibt Luzifers Reich, mit seiner Tendenz zur Selbsterhöhung und zur Auflösung des Irdischen. Auch mit diesen Kräften kann man sich verbinden und im Nachtodlichen von ihnen durchdrungen bleiben. Wir alle tragen Aspekte dieser Mächte in uns und stehen in vielfältigen Wechselwirkungen mit ihnen; demnach haben wir die Aufgabe, mit ihnen umzugehen. Sie gehören zur Welt des Vatergottes, zur menschlichen Evolution dazu und haben somit eine berechtigte Existenz in unserem Kosmos: Sie fordern uns heraus und fördern dadurch die menschliche Bewusstseinsentwicklung.

Es gibt jedoch auch das Reich Sorats, welches einen anderen Ursprung hat und von geistiger Warte aus gesehen das *rein Böse* und somit die Gegenmaxime der Göttlichkeit verkörpert. Dieser

Einfluss ist in unserer Zeit, im negativen Sinne, am effektivsten, ihm entspringt alles schwarzmagische Handeln. Der Begriff «schwarzmagisch» erzeugt in den meisten Menschen Angst und wird gerne in die nebelhaften Winkel unserer geschichtlichen Vergangenheiten abgeschoben. Doch es geht hier nicht um Hexerei und Hokuspokus in einer dunklen Kammer, auch nicht um satanische Rituale und Tierquälerei. Das soratische Wirken unterwandert unsere aktuelle Welt in einem viel größeren und direkteren Ausmaß als allgemein angenommen. Es gibt zahlreiche Menschen, die unter dem Deckmantel von Eigennutz und Machtgewinn sich für das Böse entscheiden. Hier hat man es nicht nur mit luziferischen und ahrimanischen Aspekten des eigenen Doppelgängers zu tun, sondern man geht eine konkrete Verbindung mit soratischen Kräften ein. Totalitäre Staatsformen, die das Böse autorisieren, alle Arten von Inquisition, sämtliche Folter- und Unterdrückungssysteme, Mafia und Drogenkartelle, terroristische Organisationen etc. sind geistig schwarzmagisch inspiriert und durchwandert. Wenn man sich dem Gegenprinzip des Göttlichen hingibt, dann kann man auch ausbeuten, missbrauchen, quälen, töten und vernichten.

In dieser Weise agierende Menschen erleben durch ihre Verbindung mit Sorat zunächst einen Machtzuwachs, der ihnen scheinbare Größe und Geltung verschafft. Wenn ein Mensch sich einem solchen System verpflichtet hat, wird er nach dem Tod von den gleichen Kräften gespeist, und er dient den gleichen Maximen weiter. Ein soratischer Toter, im geistigen Sinne ein Schwarzmagier, kann, je bewusster er agiert, ein waches devachanisches Bewusstsein haben. Dieses ist allerdings nicht in der lichten Geistwelt angesiedelt, sondern in der entsprechenden Gegensphäre Sorats. Doch mit der Zeit bemerkt er, dass sein Selbstempfinden ausgehöhlt und quälend ist. Das, was ihn umgibt, ist eine Welt der Dämonen und der Dunkelheit, die zerstörerisch ist. Nicht wissend, wie er diese Sphäre wieder verlassen kann, klammert er sich aus Verzweiflung noch mehr daran fest.

Anders als die lichten Sphärenmenschen, die der Erde und der inkarnierten Menschheit selbstlos und hilfreich dienen, versuchen soratische Tote selbstisch die eigenen Machtsysteme aufrechtzuerhalten und auszubauen. Hierzu besetzen sie inkarnierte Menschen, die ihnen korrespondierende Schwingungsfelder bieten, und agieren durch diese. Auch infiltrieren sie bestehende Ordnungsgefüge, um sie entsprechend zu nutzen. Doch nicht nur die Systeme, die offensichtlich gegen die Gebote unserer Menschlichkeit verstoßen, sind davon betroffen. In vielen Erscheinungen unserer Zeit wie beispielsweise in der Verrohung von Gesellschaften, in der Barbarisierung der Börsen-, Banken- und Wirtschaftsstrukturen, in der Ethnisierung der Politik, in der Vergötterung von Gier und Besitz, im Verfall ethisch-sozialer Werte, in einigen Bereichen der modernen Technik spiegelt sich das Werk solcher Gegenkräfte.

Goethes Faust hat seine Seele dem Teufel verkauft. Bei den schwarzmagisch wirkenden Menschen geht es sogar noch eine Stufe weiter: Sie verkaufen ihr Ich an Sorat. Doch wie auch bei *Faust* ist dies nicht das Ende der Geschichte, denn das Dunkle kann stets durch das Licht umgewandelt werden. So bringt es auch nichts, vor dieser Entwicklung zurückzuschrecken und die Welt jammervoll zu bedauern. Das einzig Hilfreiche hier ist, mit Ich-Bewusstsein einzugreifen. Je mehr wir die Wirklichkeiten und die Nöte der Welt erkennen und uns vergegenwärtigen, dass wir mit unserem Ich, im Christus gründend, das Gute bewirken können, können wir es auch erlernen, diese besetzten und verdunkelten Bereiche unserer Welt zu erkennen, zu durchlichten und zu befreien. Die Verantwortung für unsere Erde liegt in unseren Händen. Die Hilfe der lichten Devachanverstorbenen steht uns zur Verfügung, und wir können es uns schrittweise zu eigen machen, gemeinsam mit ihnen zum Wohle unserer Erdenwelt zu agieren. Denn wir gehören zusammen: Mit allen Ichs bilden wir das Menschengeschlecht und tragen Verantwortung, ein jeder für den anderen.

Wie lernt man, Verstorbene wahrzunehmen?

> Das Geistige kann jedoch nicht erzogen werden, Geistiges muss vollzogen werden (…).
>
> *Viktor Frankl: Der leidende Mensch*

Unser frühes Umfeld prägt unsere Grundeinstellungen gegenüber Leben und Tod in einer richtunggebenden Weise. Die Ansichten und Gepflogenheiten unserer Eltern, die Traditionen unserer Familie, bereits in der Kindheit Erlebtes, die Bräuche der heimischen Kultur legen die Grundlage für unser Verhältnis zu diesen Grunddimensionen des menschlichen Seins.

Als Kind träumte ich manchmal in symbolischen Bildern den Tod von Angehörigen voraus. Nach dem Aufwachen ging ich dann fragend zu meiner Mutter und erzählte ihr davon. Sie nahm mich immer liebevoll auf den Schoß und sprach ganz ruhig und selbstverständlich darüber, dass Menschen auch mal wieder in den Himmel zurückgehen müssen. Als sich durch einen erneuten Traum der Tod meiner Urgroßmutter ankündigte, sagte mir meine Mutter ganz sanft: *«Weißt du, sie ist schon so alt geworden, sie ist jetzt einfach müde geworden auf der Erde. Ihre Seele möchte gerne mit ihrem Engel in die lichte, schöne Himmelswelt zurück. Dort wird sie wieder jung und bekommt neue Kräfte. Sie darf doch gehen, oder? Du brauchst darüber nicht traurig zu sein.»* – Ich war schon traurig, als die Urgroßmutter drei Tage später verstarb. Aber ich erlebte weder Bestürzung noch Angst dabei. Die Wehmut, die sich manchmal einschlich, wich immer wieder dem Vertrauen um die Stimmigkeit dieses Geschehens. So lernte ich, den Tod als natürlichen Teil des Lebens zu empfinden und ich begriff, wenn auch damals noch nicht bewusst, dass er kein plötzlicher Abbruch ist, sondern ein Prozess, der einen Vorlauf hat, sich ankündigen kann, sich vollzieht und sowohl einen Sinn als auch ein Ziel hat.

Eine andere, noch frühere Szene meiner Kindheit hat mich in Bezug auf den Tod einschneidend geprägt. Mein Vater kam eines Abends nach Hause und sagte: *«Kinder, zieht euch an, wir gehen in die Kirche. Da ist ein Verstorbener aufgebahrt. Es ist niemand dort, es brennen nur die Kerzen, und die Stille in der Kirche ist ganz besonders.»* Wir gingen hin und sahen einen Mann von etwa Mitte sechzig, der im weißen Hemd und in einem grauen Anzug auf einem Tisch in einem offenen Sarg lag. Seine Hände waren auf der Brust zusammengefaltet, ein feines, schön besticktes weißes Tuch deckte ihn bis zu den Handknöcheln zu. Sein Gesichtsausdruck war ganz friedlich, die ganze Atmosphäre hatte etwas Ruhiges und Würdevolles. Kerzen brannten, und in der Abenddämmerung leuchteten die letzten Sonnenstrahlen durch die farbigen Fenster herein. Mein Vater hielt uns fest an den Händen, und wir schauten diesen fremden Mann lange Zeit schweigend an. Da wir ihn nicht kannten, empfanden wir keinen persönlichen Schmerz, sondern nur tiefes Staunen und Ehrfurcht angesichts dieses eindrücklichen Phänomens des Todes. In alldem war nichts Furchterregendes, über dem Geschehen lag nur eine gehaltene, heilige Stille. Ich erinnere mich an die warme Hand meines Vaters, die die meinige die ganze Zeit hielt und mir Halt und Sicherheit gab. Mein Vater flüsterte uns dann zu: *«Wie schön ein Menschenantlitz doch ist. Schaut mal, es ist, als ob er friedlich schlafen würde, oder?»* Und nach einer längeren Pause: *«Aber es ist nur noch sein Körper da. Seine Seele ist jetzt schon nicht mehr hier, sie ist auf dem Weg zum Himmel. Und es sind viele Engel hier, auch wenn wir sie nicht sehen können.»* Bei diesen Worten hatte ich in meinem Inneren das untrügliche Empfinden, dass das wahrhaftig war. Ich verstand, dass das Leben dieses Menschen vollbracht war und der Tod ihm ein neues Tor eröffnet hatte.

Meinen Eltern bin ich zutiefst dankbar für diese Erlebnisse, die mir den Grundstein dafür legten, mit dem Tod respektvoll, bejahend und angstfrei umgehen zu können. – Wie anders erleben es andere Kinder. Jahrzehnte später erzählte mir eine meiner Nichten nach dem Tod ihrer Großmutter, dass diese sie manchmal besuchen würde. Die Kleine war damals fünf Jahre alt und berichtete mit ihrem dünnen Stimmchen: *«Ja, weißt du, sie schwebt dann oben an der Decke in meinem Zimmer. Und sie sagt ganz liebe Sachen zu mir. Ganz, ganz lieb ist die Omi. Sie kommt auch oft. Aber alle sagen, das kann nicht sein, Omi ist tot.»* Ich fragte sie, was ihre Mutter dazu sagen würde. Ganz verschämt und traurig antwortete das Mädchen: *«Die Mama sagt, ich spinne.»*

Die Prägungen, die wir in dieser Hinsicht erfahren, können also sehr unterschiedlich sein. Kinder spüren oft das Herannahen des Todes eines Menschen, sie nehmen auch häufig Verstorbene wahr, auch wenn sie dies nicht zum Ausdruck bringen können. Wir Erwachsenen tragen Verantwortung dafür, wie wir in diesen Zusammenhängen mit ihnen umgehen. Wir können ihnen hier gleichermaßen Türen öffnen, wie auch lebenslange Blockaden aufbürden.

Von daher ist es wiederum sinnvoll, dass auch wir uns überprüfen, wie wir selbst in unserer Kindheit und in unserer Erziehung in Bezug auf den Tod geprägt worden sind. Gibt es im Verborgenen unserer Seele Erlebnisse, die wir nicht begriffen haben oder die uns in diesem Punkt ein Hindernis sind? Will da noch etwas überwunden werden? Um mit dem Tod in einer stimmigen Weise umgehen zu können, brauchen wir ihm gegenüber eine zulassende Haltung. Ein möglichst natürlicher, verständnisvoller und weitgehend angstfreier Umgang mit

Krankheit und Gebrechen, mit Verlust und Sterben bildet eine seelisch stabile Grundhaltung hierfür. Die Einstellung, dass die Verstorbenen da sind, dass sie uns nach ihrem Tod noch nahe sein können, dass sie uns auch in späteren Phasen hin und wieder aufsuchen, ermöglicht uns ein Verständnis für die geistige Seite dieses Geschehens.

Wichtig ist es auch, unsere Gefühle in einem konkreten Todesfall erkennen und differenzieren zu lernen. Trennungs- und Verlustschmerz gehören immer zum Abschied dazu. Demnach ist der Schmerz ganz und gar berechtigt und soll ausreichend Raum und Zeit bekommen, um empfunden, gelebt und geheilt zu werden. Mit der Zeit können wir jedoch darauf achten, *worum* wir eigentlich trauern. Trauere ich um den Verstorbenen, darum, dass sein Leben ein Ende genommen hat? Oder trauere ich um mich selbst, um meine Einsamkeit, um meine nicht erfüllten Hoffnungen oder Erwartungen? Je mehr wir uns im Klaren über unsere Seelenregungen sind, desto mehr sind wir in der Lage, die entsprechende Qualität des Schmerzes zu erkennen. Wenn ich mich nämlich selbst betrauere, dann bin ich in meiner eigenen Astralität gefangen und nehme nicht die Wirklichkeit der geistigen Welt wahr. Wenn ich allerdings mein Seelisches für einige Momente zum Schweigen bringe und aufrichtig zu dem Verstorbenen hindenke, dann kann es möglich werden, dass ich ganz andere Stimmungen vernehme, die mich vielleicht sogar aus meiner Trauer heraus erheben. Ab da erst beginne ich, die neue Welt des Verstorbenen zu erspüren.

Ebenfalls hilfreich nach einem Todesfall ist es, genauer darauf zu achten, welche konkreten Erinnerungen sich einstellen, welche Gedanken uns öfters umkreisen oder welche womöglich unerwarteten Gefühle sich in unserem Inneren bemerkbar machen. Gleichermaßen können wir auf Stimmungen und Feinheiten unseres Alltags achten, auf Lichtverhältnisse und

Gerüche, auf kleine Geschehnisse, denen wir sonst kaum Beachtung geschenkt hätten. Ein Vogel, der auf dem Fenstersims singt, eine Blüte, die sich gerade vor unseren Augen öffnet, eine Wolke, die in einer zauberhaften Weise von der Sonne beschienen wird, eine Luftbrise, die plötzlich unsere Haut streichelt. All diese Dinge geschehen nicht zufällig, sondern sind Hinweise für das, was *geistig* in und um uns herum geschieht. Nicht selten machen sich Verstorbene in einer subtilen Weise durch solche Begebenheiten bemerkbar. Auch wenn das ungewohnt sein sollte, so können wir, ohne Überinterpretationen, unseren Wahrnehmungen folgen und aufmerksam mit ihnen umgehen. Sie schulen unsere Wachsamkeit und lehren uns die Sprache der inneren Stille.

Ein nächster möglicher Schritt ist, einen Verstorbenen innerlich bewusst aufzusuchen. Das ist über Andacht und Gebet, über Konzentration und Meditation möglich. Die ersten Wahrnehmungen, die wir in Bezug auf geistige Zusammenhänge haben, sind in der Regel kaum greifbar. Sie ziehen vor unsere Seele wie unmerkliche, leise huschende Empfindungsschatten. Meist übergehen wir sie im bewegten Seelengewimmel unserer Gedanken und Gefühle. Wir sind es gewöhnt, unsere Aufmerksamkeit und unsere Sinneseindrücke stets nach außen zu richten. Das, was aus der Innenwelt kommt, tun wir meist als Selbsterzeugtes ab. Doch genau darunter können sich, wenn auch zunächst verborgen, auch reale geistige Eindrücke mischen. Sobald wir wiederum diese bemerken, steigen häufig Zweifel auf: «Habe ich mir das eingebildet? Ist das nicht eher Wunschdenken? Das kann eigentlich nicht sein.»

Generell hindert die Angst vor dem eigenen Innenleben und vor dem konkreten Tun in geistigen Zusammenhängen den Menschen daran, diese Bereiche selbst zu ergreifen. Zweifel, mangelndes Selbstvertrauen oder geistverneinende Vorstellungen sind Erzeugnisse ahrimanischer Anteile unseres Doppelgängers. Auch Glaubensätze wie beispielsweise *«Ach, ich kann so was nicht», «Ich habe noch nie geistige Wahrnehmungen gehabt»* oder *«Ich glaube nicht daran»* entspringen den gleichen Quellen und erzeugen regelrechte Wahrnehmungsblockaden. Ebenfalls das Anzweifeln innerer Erlebnisse anderer Menschen *(«Das ist atavistisch»)* und das vernichtende Urteilen darüber *(«Es ist Einbildung»)* entstammen diesen ahrimanischen Kräften des Zweifels und der Verneinung. Hier mischen sich sogar Neid und unterschwelliger Hass auf die geistigen Fähigkeiten anderer unter. Natürlich muss man das von anderen Gesagte nicht einfach für bare Münze nehmen. Ein Mensch ohne Ängste und Vorurteile geht jedoch interessiert und mit offenem Herzen prüfend daran.

Die andere Seite der Gefahrenquellen im Umgang mit geistigen Erlebnissen ist die Selbstüberschätzung der eigenen Wahrnehmungsfähigkeit und die unsaubere Interpretation von Erlebnissen. Hierin spiegeln sich die luziferischen Aspekte unseres Doppelgängers wider, deren Aufgabe es ist, uns Illusionen vorzugaukeln und uns zu falschen Schlüssen zu führen. Grundlage verlässlicher Wahrnehmungen ist zunächst eine intakte seelische Gesundheit und ein ausgeglichener psychischer sowie physischer Zustand. Zerfahrenheit oder innere Disharmonie, eine Verfassung des Belastet- und Gestresstseins bilden keinen guten Auftakt für meditative Arbeit. Persönliche Neugierde, subjektive Vorstellungen und Erwartungen, Wunschdenken und Geltungsbedürfnis erzeugen überdies sehr viel Eigenastralität und lassen keinen Raum zu für das Geistige, das uns entgegenkommt. Nicht zuletzt machen spekulative Deutungen und ausgedachte Auslegungen des Erlebten eine stümperhafte, unhygienische Vorgehensweise komplett.

Viele stellen sich demnach die Frage, ob die eigenen Wahrnehmungen «richtig» oder «falsch» sind. Die Antwort ist recht simpel: Es gibt keine «falschen» geistigen Wahrnehmungen. Alles, was man wahrnimmt, existiert real als seelisch-geistige Wirklichkeit. Das, was jedoch gründlich verifiziert werden muss, ist Folgendes: *Was* habe ich wahrgenommen? Ist dies auch wirklich *das*, wofür ich es halte? Oder ist es vielleicht etwas ganz anderes, beispielsweise etwas Selbsterzeugtes?

Um sich hier gewissenhaft überprüfen zu können, ist es wichtig, in der meditativen Arbeit einer klaren und sorgfältigen Vorgehensweise zu folgen. Übend gelingt dies mit der Zeit. Rudolf Steiner führt an: *«Die Entscheidung darüber, was auf höherem Gebiete ‹wirklich› ist, was nur ‹Illusion›, die kann nur von der* Erfahrung *kommen. Und man muss sich diese Erfahrung in einem stillen, geduldigen Innenleben aneignen.»*[8] Da Erfahrung nur durch Übung kommen kann, wird der Mensch, der aus Angst vor Fehlern ganz vor dem Tun zurückschreckt, nicht dazu befähigt werden, eine selbstgeführte Verbindung zur geistigen Welt aufzubauen. Er überlässt dieses Feld kampflos den Gegenkräften, die ihr Werk dann berechtigterweise als gelungen betrachten. So wie das kleine Kind nicht das Laufen lernen kann, ohne immer wieder hinzufallen, wir kein Musikinstrument erlernen können, ohne uns wiederholt zu verspielen, so können wir auch nicht ohne Ungeschicklichkeit und Fehltritte lernen, unsere geistigen Wahrnehmungsorgane auszubilden. Es geht also keinesfalls darum, einen Zustand von «Perfektion» zu erreichen, somit ist es auch kein Problem, Fehler dabei zu machen. *Dies nicht zu bemerken*, ist allerdings ein wirkliches Problem.

Der Mensch kann also Mut und Freude am Ausprobieren sowie den stetigen Willen zum Üben aufbringen. Dann wird er, zur Freude der geistigen Welt, ein *Lernender* in geistigen Dingen.

8 Rudolf Steiner: *Die Stufen der höheren Erkenntnis*, GA 12, Dornach [7]1993, S. 20.

Übungswege

> Über die Meditation soll man nicht «mystisch» denken, aber man soll auch nicht leicht über sie denken. Die Meditation muss etwas völlig Klares sein in unserem heutigen Sinne. Aber sie ist zugleich etwas, zu dem Geduld und innere Seelenenergie gehört. Und vor allen Dingen gehört etwas dazu, was niemand einem anderen Menschen geben kann: dass man sich selber etwas versprechen und es dann halten kann. Wenn der Mensch einmal beginnt, Meditationen zu machen, so vollzieht er damit die einzige wirklich völlig freie Handlung in diesem menschlichen Leben. (…) Wir sind darin vollständig frei. Es ist dieses Meditieren eine urfreie Handlung.[9]
>
> *Rudolf Steiner*

Es gibt verschiedene Wege für das Erüben der Wahrnehmung von Verstorbenen. Rudolf Steiner beschreibt den Dreischritt der Imagination, Inspiration und Intuition als grundsätzliche Stufen höherer geistiger Erkenntnis. In der anthroposophischen Literatur vielfach besprochen, doch offensichtlich nur wenig praktisch umgesetzt, hat sich dieser systematische Dreischritt noch nicht breit gefächert als Methode im Umgang mit Verstorbenen und mit anderen geistigen Wesenheiten etabliert. Diesen Stufen zu folgen, ist jedoch ein in seiner Essenz folgerichtiger und in seiner Durchführung wunderbar gangbarer Weg.

9 Rudolf Steiner: *Das Geheimnis der Trinität*, GA 214, Dornach [3]1999, S. 126.

Die Ebene der Imagination bezieht sich auf ein Schauen, welches wahre Vorstellungen und wirkliche Erlebnisse in höheren Welten ermöglicht. Auch ohne äußere Sinneswahrnehmung ist die menschliche Seele dazu in der Lage, Eindrücke in inneren Bildern zu formen. In der imaginativen Welt geht es konkret um ein *astrales* Schauen, bei dem *«eine Fülle von Wesen und Ereignissen»*[10] wahrgenommen werden können. Dem Menschen erscheinen die Bilder *«genau so, wie wenn ein Sinnesgegenstand auf ihn einen Eindruck machen würde; sie sind so lebhaft und wahr wie die Sinnesbilder, nur kommen sie nicht vom ‹Materiellen›, sondern vom ‹Seelischen› und ‹Geistigen›. (...) Es ist einleuchtend, dass sich der Mensch diese Fähigkeit,* inhaltvolle Bilder *zu haben ohne Sinneseindrücke, erst erwerben muss. Es geschieht dies durch die Meditation.»*[11]

Der erste Schritt in der Arbeit mit Verstorbenen ist demnach, den über die Schwelle Gegangenen *im Bilde geistig zu schauen.* Als meditative Vorbereitung hierzu muss zunächst ein innerer Raum geschaffen werden, in dem diese Begegnung in einer geschützten und eingängigen Weise stattfinden kann. In diesen geistigen Raum hinein kann der Verstorbene gemeinsam mit seinem Engel vom Meditierenden eingeladen werden. Die Art und Weise, in der er uns erscheint, seine Größe und Form, die Leuchtkraft oder das Schattenhafte seiner Gestalt, die Stimmung, die von ihm ausgeht, die Beschaffenheit seines Umraums geben uns Aufschluss darüber, in welchem Zustand er sich befindet und in welchen Geistbereichen er sich aufhält. Als Echo dieser ersten Eindrücke können wir unmittelbar in unserem Herzen nachspüren, welche Empfindungen der

10 Rudolf Steiner: *Die Stufen der höheren Erkenntnis*, GA 12, Dornach [7]1993, S. 76.

11 Rudolf Steiner: *Die Stufen der höheren Erkenntnis*, GA 12, S. 19.

Verstorbene in uns selbst auslöst. Haben wir dabei Gefühle von Gelöstheit, Leichtigkeit, Beweglichkeit und Freude oder fühlt sich unser Herz eher bedrückt, eng und unbeweglich an? Weiter können wir beobachten, welche Wesenheiten den Verstorbenen noch eventuell umgeben. Ihr Charakter und ihr Farbenspiel können uns ebenfalls wichtige Hinweise bezüglich seiner Situation geben.

Diese bildhaft-geistige Wahrnehmung des Verstorbenen und seines Umraums ist für eine gemeinsame Arbeit mit ihm unumgänglich, sie kann nicht durch theoretische Annahmen oder durch persönliche Vorstellungen ersetzt werden. *«Es ist ganz unmöglich, wirkliche Fortschritte in Bezug auf das Vordringen in höhere Welten zu machen, ohne durch die Stufen der* imaginativen *Erkenntnis hindurchzugehen.»*[12] – *«Unvermeidlich ist diese Stufe aus dem Grunde, weil jeder, der eine Verbindung mit der höheren Welt ohne ihr Durchschreiten sucht, dies nur unbewusst tun kann und dazu verurteilt ist, im Dunkeln zu tappen. Man kann sich ein dunkles Gefühl von dieser höheren Welt ohne die Imagination erwerben, (...) aber zu einer wirklichen Erkenntnis mit vollem Bewusstsein in heller, lichter Klarheit kann man so nicht kommen.»*[13]

Aufbauend auf dem ersten meditativen Schritt folgt nun die Stufe der Inspiration. *«Wie man die Imagination ein geistiges* Schauen *nennen kann, so die Inspiration ein geistiges* Hören.»[14] Mit diesem «Hören» ist kein physisch-akustischer Vorgang gemeint, sondern ein inneres Vernehmen der Bedeutung imaginativer Erlebnisse. Die geschauten Wesenheiten erschließen und erklären sich in ihrer Bedeutung, die geistig wahrgenommenen

12 Rudolf Steiner: *Die Stufen der höheren Erkenntnis*, GA 12, Dornach [7]1993, S. 36.
13 Rudolf Steiner: *Die Stufen der höheren Erkenntnis*, GA 12, S. 39.
14 Rudolf Steiner: *Die Stufen der höheren Erkenntnis*, GA 12, S. 69.

Dinge enthüllen ihren Sinn. Der hinter dem Bild wirkende Geist wird wahrnehmbar, man beginnt dasjenige zu begreifen, was man bisher bildhaft vernommen hat. Die Ereignisse sprechen sich in einer Sprache aus, die man wie ein Gewahrwerden von Gedanken im eigenen Inneren aufnimmt: *«Wollte man dasjenige, was hier erfahren wird, mit etwas in der physischen Welt vergleichen, so könnte man nur zur Verdeutlichung etwas heranziehen, was es in dieser Welt gar nicht gibt. Man versuche sich einmal vorzustellen, dass man wahrnehmen könnte die Gedanken und Gefühle eines Menschen,* ohne *seine Worte mit dem physischen Ohre zu hören, so wäre ein solches Wahrnehmen zu vergleichen mit jenem unmittelbaren Verstehen des Imaginativen, das man als ‹Hören› in geistigem Sinne bezeichnet. Das ‹Sprechende› sind die Farben- und Lichteindrücke. In dem Aufglänzen und Verlöschen, in der Farbenwandlung der Bilder offenbaren sich Harmonien und Disharmonien, welche die Gefühle, Vorstellungen und Gedanken seelischer und geistiger Wesenheiten enthüllen. Und wie sich der Ton beim physischen Menschen zum Worte steigert, wenn sich ihm der Gedanke einprägt, so steigern sich die Harmonien und Disharmonien der geistigen Welt zu Offenbarungen, welche wesenhafte Gedanken selbst sind.»*[15] |

In der direkten Begegnung mit einem Verstorbenen bedeutet dies, dass die Nuancen seiner Leuchtkraft, das gedämpfte oder reine Durchscheinende seiner Gestalt, der Eindruck von Wärme oder Kälte, den er erzeugt, seiner eigenen Befindlichkeit, seinen Eigenschaften und Wirkungen entsprechen. All dies offenbart sich dem Meditierenden durch «wesenhafte Gedanken», die *in ihm selbst* entstehen. Es beginnt also ein Zwiegespräch zwischen dem Meditierenden und dem Verstorbenen, das in einer

15 Rudolf Steiner: *Die Stufen der höheren Erkenntnis*, GA 12, S. 73 f.

Art «Gedankenaustausch» stattfindet. Es ist dies mit einem Gespräch zwischen zwei inkarnierten Menschen vergleichbar, nur dass es sich dabei nicht um eine von außen vernehmbare Kommunikation handelt, sondern um einen im Inneren geführten Dialog. Auf das, was der Meditierende als Frage zum Verstorbenen hinlenkt, erhält er Antworten in Form von Gedankenbildungen. So beginnt er *«zu ‹hören›, was im Innern der Dinge vorgeht».*[16]

Ähnlich wie im Leben ein gutes Gespräch erst durch die liebende Hinwendung zum anderen entsteht und durch Fragestellungen, Zuhören und gegenseitigen Austausch gestaltet wird, so geht der Meditierende hier auch vor. Er wendet sich dem Verstorbenen mit Interesse und aktiv fragend zu, und im gemeinsamen «Gespräch» kann er erfahren, in welchem Zustand sich dieser erlebt, welche Nöte und Anliegen er hat, ob er in bewusster Verbindung mit seinem Engel oder mit anderen Wesenheiten steht oder nicht. Seine Aufgabe dabei ist, in einer intensiven und aufnehmenden Weise zuzuhören, ohne das Wahrgenommene zu interpretieren oder zu beurteilen. Durch innige Aufmerksamkeit, Herzensoffenheit und Mitgefühl erschließt sich ihm die Situation des Verstorbenen am besten.

Dieser Austausch findet jedoch keinesfalls einseitig statt, auch der Meditierende kann dem Verstorbenen bestimmte Anliegen und bei Bedarf klärende und hilfreiche Zusammenhänge vermitteln. Erlösungsarbeit setzt hier an. Sie beinhaltet, dem sich in Not befindenden Verstorbenen über die Aufklärungsarbeit hinaus eine aktive geistige Hilfe zukommen zu lassen wie beispielsweise das Hinzuziehen anderer hilfreicher Wesenheiten, die bewusste Anbindung an seinen Schutzengel, die Auflösung von Besetzungen, das Begleiten in lichtere Sphären.

16 Rudolf Steiner: *Die Stufen der höheren Erkenntnis*, GA 12, S. 21.

Erforderlich für den Meditierenden sind hier Selbstlosigkeit in der Wahrnehmung, aktive innere Tätigkeit ohne persönliches Interesse und eine geschulte Wahrheitsempfindung gegenüber den eigenen geistigen Wahrnehmungen.

In der regulären Arbeit mit Verstorbenen, die sich auf der *ätherischen* und *astralischen* Ebene befinden, genügen diese ersten zwei meditativen Schritte der *Imagination und Inspiration.* Der über die Schwelle Gegangene ist in diesen beiden Welten noch ein *Seelenwesen.* Hierfür bietet ein imaginativer und inspirativer Bewusstseinszustand eine ausreichend klare und fundierte Grundlage, um die Situation des Verstorbenen konkret einschätzen zu können, um in einen gegenseitigen Austausch mit ihm zu kommen und, falls erforderlich, um hilfreich für ihn tätig zu werden. Die meditative Stufe der Intuition *kann* hier hinzugezogen werden, denn sie ermöglicht einen noch anschaulicheren und tieferen Einblick in das Wesenhafte des Verstorbenen; im Normallfall ist sie jedoch nicht dringend erforderlich.

Der Umgang mit *devachanischen* Verstorbenen setzt allerdings die Fähigkeit voraus, sich *in* ihr Wesen hineinversetzen zu können. Dies wird erst auf der Stufe der *Intuition* möglich. Devachanische Wesen sind nicht mehr seelenhaft, sondern ichhaft, entsprechend müssen wir hier von Ich zu Ich arbeiten. Sie sind reine Geister, «allverbunden», eins mit der Welt und leben unmittelbar in der Einheit mit anderen Devachantoten. Ein solcher Verstorbener ist uns, zumindest in der Regel, kein Gegenüber, sondern er lebt als unser Umraum. Damit wir ihn erfassen können, müssen wir in der Lage sein, uns unmittelbar in sein Wesen hineinzuversetzen. Und dies ist erst *intuitiv* möglich.

Bei der Intuition geht es also nicht mehr darum, die Eigenheiten und Bedeutungen bestimmter geistiger Wesenheiten zu erleben, sondern sich in einer solchen Weise mit ihnen zu verbinden, dass man *eins* mit ihnen wird. Man verschmilzt sozusagen mit einem anderen Wesen und mit seinen Auswirkungen. So steht man nicht mehr *außerhalb* eines bestimmten Zusammenhangs, sondern *innerhalb* dessen. *«Um so in die Dinge hineinzukommen, muss man allerdings erst aus sich selbst heraustreten. Man muss ‹selbstlos› werden, um mit dem ‹Selbst›, dem ‹Ich›, einer anderen Wesenheit zu verschmelzen.»*[17]

In der Meditation erfolgt dieser Vorgang, indem man den eigenen Standpunkt, den man in der Gegenüberstellung mit dem Verstorbenen eingenommen hat, verlässt und sich in die Position des Verstorbenen hineinbegibt. Faktisch bedeutet das, dass man bewusst und willentlich *in* den Verstorbenen hineinschlüpft. Rudolf Steiner vermerkt hier: *«Es ist eben ganz wörtlich zu nehmen, wenn man von der Intuition sagt: man kriecht durch sie in alle Dinge hinein.»*[18] Diese Verfahrensweise erscheint zunächst ungewöhnlich. Sie ist jedoch, zumindest in gewisser Hinsicht, mit einem Rollenspiel vergleichbar, bei dem man sich in eine andere Persönlichkeit hineinversetzt. Man taucht dabei in diese andere Individualität ein und man identifiziert sich für einige Augenblicke ganz mit ihr. Der entscheidende Unterschied ist, dass es sich auf der intuitiven Wahrnehmungsebene nicht lediglich um ein Hineindenken und Hineinfühlen in einen anderen Charakter handelt. Hier spielt man nicht eine andere Rolle, sondern man wird eins mit einem anderen Wesen, man erfährt dessen Sein am eigenen Sein. Dies ist ein geistiger, ichhafter Vorgang von tieferer Tragweite und existenzieller Qualität.

Das eigene Ich wird bei diesem Vorgang nicht aufgegeben, ganz im Gegenteil, das Bewusstsein des eigenen Selbst muss

17 Rudolf Steiner: *Die Stufen der höheren Erkenntnis*, GA 12, S. 23.
18 Rudolf Steiner: *Die Stufen der höheren Erkenntnis*, GA 12, S. 22.

indessen aufrechterhalten werden: *«Im richtigen Sinne kann das nur geschehen, wenn diese Verschmelzung nicht unter Auslöschung, sondern unter völliger Aufrechterhaltung seiner eigenen Wesenheit der Fall ist. (…) Daher kann nur ein Ich, das in sich bis zu einem hohen Grade gefestigt ist, in ein anderes Wesen ohne Schaden untertauchen.»*[19] Ein gesundes, besonnenes, gefestigtes eigenes Innenleben ist für diesen meditativen Schritt also von entscheidender Bedeutung. Wichtig und für die Hygiene der meditativen Arbeit unumgänglich ist es, im Anschluss an einen solchen Positionswechsel auf der intuitiven Wahrnehmungsebene wieder bewusst in sein eigenes Wesen einzukehren und sich dort willenshaft zu verankern.

Bemerkenswerterweise entsprechen diese drei Stufen der Imagination, Inspiration und Intuition genau dem Dreischritt des Menschen durch die nachtodlichen Welten. Ein verstorbener Mensch erlebt seinen Lebensrückblick auf der *ätherischen Ebene* in einer *imaginativen* Weise, die Bilder seines Lebens zeigen sich ihm in all ihrer Fülle und Gesamtheit. In ihnen stellt sich ihm die Charakteristik seiner soeben beendeten irdischen Biografie dar. Auf der *astralischen Ebene* lebt er *inspirativ* im Begreifen seines Erdenwirkens. Sein gewesenes Erdenleben erschließt sich ihm in all seinen Wirkungen und enthüllt ihm seine Bedeutung für die Welt. In der *devachanischen Welt* wird der Verstorbene sogleich eins mit der Welt, er erlebt sich in einer vollkommenen Wechselwirkung mit anderen devachanischen Wesenheiten und erfährt in einer *intuitiven* Weise die ganze Welt als sein eigenes Sein. Rudolf Steiner weist auch deutlich darauf hin, dass wir beim Meditieren einen Nachklang des nachtodlichen Entwicklungsweges des Menschen bilden: *«In der Meditation geschieht mit dem Menschen dasselbe wie*

19 Rudolf Steiner: *Die Stufen der höheren Erkenntnis*, GA 12, S. 79 f.

nach dem Tode. Nach und nach erst kann der Mensch erkennen, was für ein Großes und Gewaltiges er in der Meditation unternimmt; dass er das tiefe gewaltige Geheimnis des Todes durchbricht, wenn er sich in der rechten Weise seiner Meditation hingibt.»[20] Umso nachvollziehbarer und schlüssiger ist es, diesen meditativen Weg in der Arbeit mit Verstorbenen übend zu beschreiten.

20 Rudolf Steiner: *Aus den Inhalten der esoterischen Stunden*, Band II: 1910–1912, GA 266b, Dornach 1996, S. 195.

Methodisches in der Erlösungsarbeit

> Viel mehr Einfluss als der Verstorbene selbst auf sich hat und als andere Hingestorbene auf ihn haben, haben die Lebenden, die Zurückgebliebenen hier. (…) Wer noch auf dem physischen Plane zurückgeblieben ist und ein gewisses Verhältnis mit den Verstorbenen angeknüpft hat, wer Beziehungen hat zu den Seelen zwischen Tod und neuer Geburt, der ist eigentlich allein imstande, aus menschlicher Willkür heraus während dieses Lebens noch irgendwelche Veränderungen bei den Verstorbenen nach dem Tode eintreten zu lassen.[21]
>
> *Rudolf Steiner*

Die konkrete Verbindung der inkarnierten Menschen mit der Sphäre der Verstorbenen ist überaus bedeutend und wirkungsvoll. Die Verantwortung, die wir hier tragen, ist maßgeblich, doch auch unsere Gestaltungsmöglichkeiten sind vielfältig. Jede Seele, die über die Schwelle gegangen ist, erlebt es als förderlich und heilsam, wenn Hinterbliebene sich ihr in einer liebevollen, herzensoffenen und freilassenden Weise zuwenden. Wir können Verstorbene einladen, an den eigenen geistigen Gedanken und Erlebnissen teilzunehmen, wir können ihnen spirituelle Texte vorlesen oder Gebete für sie sprechen.

21 Rudolf Steiner: *Das Leben zwischen dem Tode und der neuen Geburt im Verhältnis zu den kosmischen Tatsachen*, GA 141, Dornach [6]2012, S. 55 f.

Verstorbene erfreuen sich genauso an Musik oder Eurythmie, die man für sie macht, an Bildern, die man für sie malt, oder an anderen künstlerischen Tätigkeiten, die man ausübt. Hilfsbedürftige Verstorbene, also hängen gebliebene oder besetzende Seelen, benötigen darüber hinaus Aufklärungs- und Orientierungskriterien bezüglich ihrer nachtodlichen Entwicklung. In schwierigeren Fällen bedarf es einer aktiven Erlösungshilfe seitens der inkarnierten Menschen.

Die herkömmliche Literatur, die sich mit Besetzungen durch Verstorbene befasst, behandelt den besetzten inkarnierten Menschen meistens als Opfer und den Verstorbenen als Täter. Aus einem gewissen Blickwinkel gesehen ist diese Betrachtungsweise nachvollziehbar, da der Besetzende, zurückgeblieben in einer Welt, der er eigentlich nicht mehr angehört, sich dem Besetzten aufdrängt. Er entzieht diesem ätherische Kräfte und zwingt ihm sein eigenes Astralisches auf. So gesehen kann der Besetzte durchaus als der «Geschädigte» gesehen werden. Doch diese Perspektive ist eindimensional, da Besetzungen grundsätzlich Akte der Hilflosigkeit sind, wenn auch in einer gewissen Weise egoistischer Natur. Zudem gibt es seitens der inkarnierten Menschen bestimmte Voraussetzungen, die Besetzungen bedingen. Die hier maßgeblichen Kriterien sind wenige, jedoch entscheidende.

Wenn energetisch eine bestimmte Übereinstimmung zwischen der Seele des Verstorbenen und der Seele des inkarnierten Menschen vorliegt wie beispielsweise eine Sucht, die Süchtige anzieht, dann kann es zu einer Besetzung kommen. Je stärker eine solche Entsprechung korrespondiert, desto anziehender wirkt der inkarnierte Mensch auf einen solchen Verstorbenen. Hier muss keinesfalls eine persönliche Bindung zwischen den beiden bestehen. Die unerlöste gemeinsame Thematik reicht als Resonanzfeld völlig aus. Die Besetzung ist hier ein Fingerzeig auf ein Problemfeld, welches der inkarnierte Mensch zu bearbeiten hat.

Es kann auch vorkommen, obgleich eher selten, dass eine inkarnierte Person durch Erschöpfung oder durch Krankheit eine stark geschwächte Aura hat, in die eine Verstorbenenseele eindringt und sich dann dort festsetzt. Hier besteht die Aufgabe des inkarnierten Menschen darin, ein Bewusstsein für seine aurischen Hüllen zu entwickeln, diese zu stärken und gegenüber Fremdeinflüssen zu schließen.

Wenn wiederum Angehörige beispielsweise durch unverarbeitete Trauer oder das Nicht-loslassen-Können des Verstorbenen dessen Seele selbst anziehen und zurückhalten, kann es ebenfalls zu Besetzungen kommen. Auch das seelisch nicht gereinigte «Anrufen» von Verstorbenen sowie eine nicht sauber zum Abschluss gebrachte Arbeit in der Familienaufstellung können dazu führen, dass der Verstorbene in der Aura des betreffenden inkarnierten Menschen hängen bleibt. In Fällen, in denen Angehörige einem Verstorbenen liebevoll helfen wollen, sie mit dieser Arbeit jedoch überfordert sind, wie zum Beispiel in der Begleitung eines Suizidenten, kann es genauso zu Besetzungen kommen. In solchen Zusammenhängen ist es entscheidend, die eigenen Seelenkräfte richtig einzuschätzen und sich ausreichend und in einem gesunden Maße vom Verstorbenen abzugrenzen.

Besetzungen können sowohl bei Erwachsenen als auch bei Kindern unterschiedlichste seelische Störungen bedingen, zum Beispiel Erschöpfungszustände, Ängste, Panikattacken, Blockaden, Depressionen, Verhaltensauffälligkeiten oder plötzliche Verhaltensänderungen. Auch können sie Erkrankungen verstärken, beispielsweise Süchte oder Erkrankungen der Drüsen, Muskeln und Gelenke. In sozialen Zusammenhängen, sowohl innerhalb von Familien als auch von Institutionen, können hängen gebliebene Verstorbene erhebliche zwischenmenschliche Schwierigkeiten, Streitigkeiten und Machtkämpfe verursachen bzw. schüren wie auch soziale Impulse belasten und blockieren. Nicht zuletzt können Verstorbene Räume, Häuser und Orte besetzen, in denen man sich dann unwohl fühlt und sich nicht frei entfalten kann. Auch können sie Landschaftsenergien stören, binden oder blockieren und somit gesamte Lebensräume von Elementarwesen belasten.

Natürlich liegen nicht in allen solchen Fällen Besetzungen durch Verstorbene vor. Besetzungen *können* allerdings in zahlreichen Fällen, entweder als Ursache oder als Verstärkung, vorliegen. Demnach sollte jeder Fall individuell überprüft und entsprechend behandelt werden. Ein Bewusstsein davon zu haben, dass Besetzungen existieren und weit häufiger vorkommen als vermutet, ist kein Grund, Angst vor dem Umgang mit Verstorbenen zu haben. Ganz im Gegenteil, jede Besetzung kann aufgelöst werden, vorausgesetzt, der betroffene Mensch ist seelisch gesund und bereit, damit umzugehen. Dabei ist es wichtig, sich klar zu machen, dass die meisten hängen gebliebenen Verstorbenen einfach verunsichert und desorientiert sind. Sie haben einen entwicklungsgemäßen Schritt versäumt, nun hängen sie recht verloren zwischen den Welten und wissen nicht weiter. Sobald etwas auftaucht, was ihnen bekannt oder vertraut vorkommt, beispielsweise ein Ort, der ihnen Geborgenheit vermittelt, oder ein Mensch, dessen Aura sie anzieht, ist das für sie eine willkommene Gelegenheit, dort anzuknüpfen und Unterschlupf zu finden. Sie sind zwar von Engelwesenheiten und von verstorbenen Angehörigen umgeben, doch durch das eigene Seelendunkel nehmen sie diese nicht wahr. Da ihr Fokus noch stark auf die Erdenwelt gerichtet ist, erleben sie viel leichter die Schwingungen inkarnierter Menschen und orientieren sich an diesen. Von daher sind wir diejenigen, die hier am direktesten helfen und diesen Verstorbenen den Weg in die geistige Welt weisen können.

Man kann also in diesem Zusammenhang nicht von einer «Schuld» der besetzenden Toten sprechen. Vielmehr geht es darum, dass wir Verständnis und Mitgefühl für die Situation solch bedürftiger Seelen haben. Darüber hinaus sind wir aufgefordert zu lernen, unseren Umraum – damit ist sowohl unser Umfeld als auch unsere eigene Aura gemeint – wahrzunehmen, diesen zu pflegen und zu reinigen. So kann, sowohl für den Verstorbenen als auch für uns, Erlösung und Heilung erfolgen.

Es gibt ganz unterschiedliche Ansätze, mit hängen gebliebenen Verstorbenen und mit Besetzungen umzugehen, von Exorzismus bis hin zu einer langwierigen, detaillierten nachtodlichen Psychoanalyse. Zwischen diesen beiden Extremen existieren zahlreiche andere Strategien. Das Anliegen der exorzistischen Austreibungen «böser Geister», die die katholische Kirche Jahrhunderte lang vorgenommen hat, war, Dämonen aus der Aura eines Menschen zu vertreiben. In vielen Fällen handelte es sich dabei aber um hängen gebliebene Verstorbene; eine konkrete Unterscheidung wurde nur nicht sorgsam gemacht. Das Vorgehen bestand in einem gewaltsamen Entfernen des besetzenden Geistes. Dieser wurde zwar mit voller Macht «wegkatapultiert», blieb aber weiterhin orientierungslos und umherirrend in der erdennahen Zwischenwelt und erhielt keine Hilfe, um ins Licht zu gelangen. Das eigentliche Problem wurde also nicht gelöst, sondern nur verschoben. Wertvoll dabei war das Wissen darum, dass der Mensch die Fähigkeit besitzt, durch seinen Willen in ein geistiges Geschehen einzugreifen. Doch das gewaltsame Handeln zeugt gleichzeitig von Angst im Umgang mit der nachtodlichen Welt und von Unwissenheit in Bezug auf die Ordnung geistiger Zusammenhänge.

Das Gegenbeispiel dazu bildet ein psychoanalytischer Umgang mit hängen gebliebenen Verstorbenen, der im Laufe des letzten Jahrhunderts entstand, zunächst durch Medien und Hypnose, später durch hellsichtige Therapeuten. Neu an dieser Arbeit war die Erkenntnis, dass es sich bei den besetzenden Seelen in der Regel um unfreie, hilfsbedürftige menschliche Wesen handelte, mit denen man verständnisvoll und behutsam umgehen sollte. Die hier durchgeführten Maßnahmen ähnelten einer herkömmlichen Psychoanalyse, bei der, nach zahlreichen, meist mühsamen Sitzungen, die betreffende Seele ihre Problematik erkannte und zumindest so weit annehmen konnte, dass sie bereit war, loszulassen und weiter ins Licht zu ziehen. Diese Methodik war zwar gut gemeint und wird noch heute praktiziert, doch sie ist insofern fragwürdig, als es nicht darum gehen kann, was eine hängen gebliebene Seele noch *meint* zu wollen oder nicht zu wollen. Mit einem zu langen Verharren in den unfreien Seelenregungen eines Toten und mit sich vielfach wiederholenden Gesprächen bringt man den Verstorbenen nicht in einer sinnvolleren Weise weiter. Zudem verliert dabei der inkarnierte Helfer unnötigerweise viel Kraft und Zeit, die er für ganz andere Aufgaben zur Verfügung haben könnte.

Diese zwei aufgezeigten Ansätze verdeutlichen lediglich die extremsten Pole eines zu verhärteten beziehungsweise eines zu verweichlichten Umgangs mit besetzenden Verstorbenen. Hierdurch wird ersichtlich, dass eine angemessene Strategie die Herstellung eines gesunden Gleichgewichts zwischen dem mitfühlenden Verständnis für die schwierige Situation des unfreien Toten und einer willensklaren, ichhaften und wirkungsvollen Herangehensweise impliziert.

Weiter wird die Vorgehensweise innerhalb der Erlösungsarbeit von drei Szenarien bestimmt, die man in der Regel im Umgang mit besetzenden Verstorbenen vorfindet.

1. Der Verstorbene weiß nicht, wie er voranschreiten soll

Im ersten Szenarium ist der Verstorbene unbeabsichtigt hängen geblieben. Er wäre tendenziell bereit, die Zwischenwelt, in der er sich befindet, zu verlassen, doch ihm fehlen die Orientierung und die Klarheit beziehungsweise die Entschlossenheit und der Mut dazu. Mit dieser Kategorie von hängen gebliebenen Verstorbenen gelingt die Erlösungsarbeit recht leicht und schnell, hier genügen aufmerksames Zuhören bezüglich seines Anliegens sowie Aufklärung und Begleitung ins Licht. Wenn einem solchen Toten beispielsweise noch nicht bewusst ist, dass er bereits über die Schwelle gegangen ist, sollte ihm dies zuerst klar gemacht werden. Wenn ihn eine bestimmte Angelegenheit oder ein bestimmtes Bedürfnis zurückhält, so sollte man ihm vermitteln, dass er für die Lösung seines Problems aus seinem aktuellen Zustand heraustreten muss. Wenn er der Ansicht ist, dass er sich aus seinen momentanen Umständen nicht befreien kann oder darf, so kann man ihm begreifbar machen, dass er die Sphäre, in der er sich erlebt, jederzeit verlassen kann: Er muss diesbezüglich einen Willensentschluss fassen und die Hilfe, die ihm seitens der geistigen Helferwesenheiten angeboten wird, vertrauensvoll annehmen. Den größten Effekt hat es, die Aufmerksamkeit des Verstorbenen auf seinen Engel zu lenken wie auch auf seine Angehörigen, die ihn als Geistwesen umgeben und erwarten. Ebenfalls dienlich ist es, Wesenheiten herbeizurufen, die für solche Übergangssituationen zuständig sind und den Verstorbenen in eine nächste Sphäre begleiten und führen.

2. Der Verstorbene weigert sich weiterzugehen

Im zweiten Szenarium trifft man auf hängen gebliebene oder besetzende Verstorbene, die sich regelrecht weigern zu gehen. Sie sind noch sehr stark in bestimmten irdischen Zusammenhängen verstrickt und wollen diese nicht loslassen. Diese Verstorbenen muss man in einer entschiedenen Weise dazu bringen weiterzuziehen, da sie in einer belastenden Weise in die Erdenwelt hineinwirken. Auch hier ist es wichtig, sich ihnen zuerst zuhörend zuzuwenden und ihr Anliegen zu verstehen, sie dann über ihren Zustand und dessen Folgen aufzuklären. Falls erforderlich, kann man ihnen, wie bereits in früheren Kapiteln beschrieben, ein «Paket» aus dem eigenen Herzenswissen über geistige Zusammenhänge bündeln und übergeben. In der irdischen Welt sind wir es gewohnt, Wissens- und Erfahrungsinhalte durch Wort oder Schrift zu übertragen. Für einen gedanklichen Austausch mit einem anderen Menschen benötigen wir Hilfsmittel: Gespräche, Erklärungen, Schriftsätze, Zeichen oder Bilder. In der geistigen Welt ist dies nicht im gleichen Maße notwendig. Einem geistigen Wesen muss ich nicht umständlich und ausführlich einen bestimmten Inhalt darstellen. Sobald ich ihm Zugang zu meinem Inneren gestatte, hat es direkten Zugriff auf die Essenz meiner Gedanken, Gefühle, Absichten und Willensregungen innerhalb dieses Bereiches. Auf diese Weise ist es möglich, dass ich durch einen einzigen Willensimpuls meine entscheidenden Erfahrungen und Kenntnisse in einem bestimmten Zusammenhang geistig zusammentrage, ohne jeden einzelnen Gedanken und Inhalt hierzu denken oder erinnern zu müssen. Dieses «Paket» der gebündelten Essenz all dessen, was mein Wesen zu einem bestimmten Themenkomplex in sich trägt, kann ich dann einem anderen geistigen Wesen über meine Herzenergien übertragen.

Die Übertragung eines solchen «Pakets» bewirkt bei einem hängen gebliebenen Verstorbenen, dass er in wenigen Augenblicken quasi eine gesamte Enzyklopädie von neuen Gedanken, Erkenntnissen und Seelenregungen aufnehmen kann. In seine – zumindest zeitweise recht begrenzte – Wahrnehmungswelt fließen so neue Seelenbilder hinein, die ihn nähren und ihn ansatzweise aus seinem verwirrten Bewusstseinszustand herausholen. Er kann diese hin- und herbewegen, schauen, was sie in ihm bewirken, und an ihnen «aufwachen». Nun ist es viel leichter möglich, seine Aufmerksamkeit auf seinen Engel oder auf andere Verstorbene zu lenken, die er nun auch tatsächlich erkennen kann.

Es gibt jedoch Situationen, in denen, trotz der bisher durchgeführten Hilfsmaßnahmen, der Verstorbene sich noch immer weigert, sich zu entfernen. Hier muss dann der Wille des inkarnierten Menschen entsprechend hart eingreifen und die bestehende Situation verändern: Der Verstorbene muss gezwungen werden zu gehen. Diesbezüglich sollte man sich vergegenwärtigen, dass der Wille eines inkarnierten Menschen frei ist. Dieser freie Wille ist das höchste Werkzeug auf Erden und es darf auch entsprechend bestimmt eingesetzt werden. Der Wille eines hängen gebliebenen Verstorbenen ist nicht mehr frei, sein Handeln zeugt von einem Gefangensein in den eigenen Wünschen und Vorstellungen. Wenn ein solcher Verstorbener inkarnierte Menschen oder Orte belastet oder ihnen schadet, so darf und soll er von dort entfernt werden. Konkret geschieht dies mithilfe von Engelwesenheiten und Devachanverstorbenen, die hinzugerufen werden können und die sich speziell für die Erlösungsarbeit zur Verfügung stellen. Solche Wesenheiten knüpfen an den freien Willen des meditierenden Menschen an und wirken geistig in seinem Sinne. Sie umringen den Verstorbenen und führen ihn aus dem Bereich hinaus, in dem er sich festgesetzt hat. Man sollte das Geschehen mitverfolgen und darauf achten, dass der Verstorbene tatsächlich in Begleitung höherer Wesenheiten den Schritt in eine höhere Sphäre vollzieht. Wenn man ihn einfach nur wegschickt, so kann es geschehen, dass er zwar den besetzen Ort oder den Menschen, an den er sich angehaftet hat, verlässt, dass er aber weiterhin zwischen den Welten herumirrt, ohne Erlösung zu finden. Bei dieser Arbeit trägt man also die Verantwortung dafür, dass nicht nur die Besetzung aufgelöst, sondern dass auch der Besetzende aus seiner misslichen Lage befreit wird.

3. Schwarzmagisch belastete und belastende Verstorbene

Das dritte Szenarium im Zusammenhang mit Erlösungsarbeit betrifft den Umgang mit schwarzmagischen Kräften. Dieses Gebiet erfordert eine besondere Herangehensweise. Wesen, die sich mit soratischen Mächten durchsetzt haben, erkennt man unter anderem daran, dass man im eigenen Herz- und Solarplexuschakra unmittelbar eine sehr einschnürende, dunkle und bedrückende Wirkung erlebt. Es fühlt sich so an, als ob das eigene aurische Herz ersticken würde. In der Begegnung mit solchen Wesenheiten ist festzustellen, dass sie das Heilige nicht achten und dass sie auf alles Spirituelle mit Spott und Verachtung reagieren.

Ich habe die äußerst eindrückliche Erfahrung gemacht, dass, wenn man aus tiefsten Herzenskräften ein Vaterunser spricht, sämtliche präsente Wesenheiten, bis hin zu den luziferischen und ahrimanischen Geistern, auf die Knie gehen. Ganz zutreffend hat Conrad Ferdinand Meyer diese geistige Wirklichkeit in seinem Gedicht «Ja» eingefangen:

Als der Herr mit mächtger Schwinge
Durch die neue Schöpfung fuhr,
Folgten in gedrängtem Ringe
Geister seiner Flammenspur.

Seine schönsten Engel wallten
Ihm zu Häupten selig leis,
Riesenhafte Nachtgestalten
Schlossen unterhalb den Kreis.

«Eh ich euern Reigen löse»,
Sprach der Allgewaltge nun,
«Schwöret, Gute, schwöret, Böse,
Meinen Willen nur zu tun!»

Freudig jubelten die Lichten:
«Dir zu dienen, sind wir da!»
Die zerstören, die vernichten,
Die Dämonen, knirschten: «Ja.»[22]

Sowohl die lichten als auch die dunklen Hierarchien sind Geschöpfe der Vaterwelt, und es ist ganz real so, dass sie den Vatergott als den Schöpfer allen Seins anerkennen. Obwohl in unterschiedlichen Wirkungssphären eingebunden, wissen sich alle Wesenheiten in einer Gesamthierarchie eingebunden, deren Ordnung sie achten. Die einzige Ausnahme bilden die soratischen Wesen. Sorat entstammt einem anderen Kosmos, und die Wesenheiten, die sich mit ihm verbunden haben, empfinden die geistigen Prinzipien unserer Welt als entsprechend wirkungslos und irrelevant.

Auch vor dem Zeichen des Kreuzes als geheiligtes Christus-

22 Conrad Ferdinand Meyer: «Ja». In: *Ausgewählte Werke*, Stuttgart 1988, S. 86.

symbol verbeugt sich alle Kreatur; nur die schwarzmagisch durchsetzten Geister nicht. Sie kennen die Sprache der durchchristeten Liebe nicht, sie kennen keine Ehrfurcht und kein Mitgefühl. Man kann sie nicht mit Herzenswärme begütigen oder mit einem Liebesstrom entwaffnen wie andere dunkle Wesenheiten. Das Einzige, wovor sie machtlos stehen bleiben, ist, wenn man ihnen das eigene Ich, ganz in seiner Würde durchlichtet und «durchicht», entgegenhält. Hier erleben sie die Unantastbarkeit des höheren Ichs und die machtvolle Wirkung der menschlichen Freiheit. In der Begegnung mit solchen Wesen kann man sich also, bildhaft gesprochen, nicht in einer Schutzgeste hinter dem Christus-Wesen «verstecken». Es reicht nicht aus, den Christus an seiner Seite zu wissen, man muss in einem gewissen Sinne den Christus *in sich selbst* auferstehen lassen. Die folgende Meditation kann ein Beispiel für diesen Weg sein:

Christus, der da leuchtet meinem Denken,
Christus, der da lebt in meinem Fühlen,
Christus, der da wirkt in meinem Wollen:

Leuchte mir vom Haupte hin zum Herzen,
Webe mir vom Herzen zu den Gliedern,
Ströme von den Gliedern in die Welt,

Dass ich schau Dein Lichtes-Liebewesen,
Leben lern in Deinem Opferwillen,
Wie er wirkend webt im Menschheitswerden.
Und so fühl ich mich als Glied von Deinem Wesen,
Und durchdrungen ganz von Deinem Liebesstrome:
Nicht mein Ich – der Christus will in mir! – [23]

23 Fred Poeppig: «Christus-Meditation». In: *Yoga oder Meditation*, Freiburg, [2]1965, S 197.

Es ist also möglich, sich meditativ so tief mit dem Wesen des Christus zu verbinden, dass das eigene Wesen ganz davon durchdrungen und erfüllt wird. Diese bewusste Durchkraftung des Ichs verleiht die hier benötigte Aufrichtekraft und den notwendigen Schutz. Auf diese Weise wird das eigene Ich in seinem reinsten Sinne wirksam, der Mensch wird aus der eigenen Mitte heraus befähigt, *sich selbst* der Auseinandersetzung mit soratischen Kräften zu stellen und dieser Begegnung aktiv standzuhalten.

In der Kommunikation mit schwarzmagisch belasteten Verstorbenen sind demnach einige wichtige Aspekte zu berücksichtigen: Zum einen sollte der eigene Handlungsimpuls zur Erlösungsarbeit «rein» und objektiv sein. Es dürfen dabei nicht eigene Egoismen, persönliche Interessen oder Geltungsbedürfnisse als Triebfeder dienen, denn darüber macht man sich sehr leicht angreifbar. Auch die eigene seelische Verfassung muss ruhig, ausgeglichen und völlig frei von Angst sein. Sie soll einer ichhaften inneren Haltung Platz machen, die einen befähigt, aus dem Überpersönlichen heraus einem dunklen Angriff standzuhalten. Darüber hinaus, da kaum ein Mensch seelisch «sauber» und ohne Schwächen ist, ist ein geistiger Schutz notwendig, der zumindest für den Moment der Auseinandersetzung mit dem Dunklen intakt bleibt. Das gelingt, wie soeben beschrieben, durch die aktive Anbindung an das von Christus durchkraftete eigene Ich. Und nicht zuletzt sollen stets Devachanverstorbene als Hilfe hinzugerufen werden, die explizit für die Auseinandersetzung mit schwarzmagischen Kräften vorbereitet sind. Sie sind diejenigen, die die eigentliche Erlösungs- und Reinigungsarbeit durchführen, sie benötigen hierzu jedoch unseren Willensimpuls.

*

Die drei hier zusammengefassten Kategorien umfassen in etwa die Spannweite der unterschiedlichen Schweregrade im Umgang mit besetzenden und hängen gebliebenen Verstorbenen. Grundsätzlich hilfreich für diese Arbeit kann das Meditieren zu zweit oder in kleinen Gruppen sein. Das gemeinsame Üben ergänzt die Einzelwahrnehmung, der gegenseitige Erfahrungsaustausch bildet die Vielseitigkeit des Wahrgenommenen ab. Man lernt, sich selbst aufmerksamer zu überprüfen, Einseitigkeiten und Fehler können auf diese Weise leichter durchschaut und vermieden werden. Auch die Wirkung der meditativen Tätigkeit gewinnt durch die gemeinsame Fokussierung und Willensanstrengung an Kraft.

Was bei jeder meditativen Arbeit und somit auch bei jeder Erlösungsarbeit nicht vergessen werden sollte, ist, einen klaren und sauberen Abschluss durchzuführen. Dies impliziert eine aufrichtige Danksagung an *alle* beteiligten Wesen, auch an die scheinbar schwierigen. Sie alle, der zu erlösende Verstorbene, unabhängig von seinem Zustand, die Engel und die weiteren helfenden Wesenheiten haben dazu beigetragen, dass ein gemeinsamer Prozess entstehen konnte, der für jeden einzelnen Beteiligten zu einer wertvollen Lern- und Entwicklungserfahrung geführt hat. Der Engel des Meditierenden hat einen durch die gesamte Arbeit hindurchgetragen, so sollte auch ihm innig gedankt werden. Zugleich sollte man sich dessen bewusst sein, dass jeder geistigen Tätigkeit die Gnade einer himmlischen Welt zugrunde liegt, die uns jederzeit begleitet, durchlichtet und durchliebt.

Persönlich beende ich die meditative Erlösungsarbeit stets mit einem Gebet, beispielsweise mit dem Vaterunser oder mit einem Christus-Gebet, das ich gemeinsam mit den Wesen spreche, die zugegen sind. Abschließend geht es dann darum, alle am Prozess beteiligten Wesen bewusst zu verabschieden und sie aus dem eigenen aurischen Feld zu entlassen. So wie man Nachbarn und Freunde nach einem Besuch auch wieder verabschiedet und sie aus der eigenen Wohnung entlässt, so sollte auch hier der eigene geistige Umraum, also die eigenen Auren, innerhalb derer diese Arbeit stattgefunden hat, wieder frei werden und bis auf Weiteres geschlossen bleiben. Dieses hygienische Vorgehen ist eine unabdingbare Voraussetzung für eine gesunde geistige Arbeit.

Generell ist jeder Schwierigkeitsgrad in der Erlösungsarbeit gut zu bewältigen und ist im Grunde genommen genauso aufzufassen wie der Umgang mit unterschiedlich schwierigen, belasteten bzw. belastenden inkarnierten Menschen. Das Erfreuliche an einer solchen Erlösungsarbeit ist, dass sie weit effektiver ist und wesentlich schneller wirkt, als es eine herkömmliche therapeutische Arbeit in irdischen Zusammenhängen vermag.

Schlusswort

> Die Dinge, die wir sehen, (…) sind dieselben Dinge, die in uns sind. Es gibt keine Wirklichkeit als die, die wir in uns haben. Darum leben die meisten Menschen so unwirklich, weil sie die Bilder außerhalb für das Wirkliche halten und ihre eigene Welt in sich gar nicht zu Worte kommen lassen. Man kann glücklich dabei sein. Aber wenn man einmal das andere weiß, dann hat man die Wahl nicht mehr, den Weg der meisten zu gehen.
>
> *Hermann Hesse: Demian*

Der Rahmen unseres Selbst- und Weltverständnisses wird entschieden von der Kultur beeinflusst, in der wir leben. Die materialistisch-naturwissenschaftliche Prägung unserer Zeit hat ein Bild des Menschen gezeichnet als ein zwischen Geburt und Tod eingeschlossenes Wesen. Dieses Paradigma hat zugleich das menschliche Bewusstsein zum Produkt materieller Prozesse und die marginalen Grenzen des Daseins als unpassierbare Schranken definiert. Doch die heutige Wirklichkeitserfahrung unzähliger Menschen spricht gegen diese bestehenden normativen Fixierungen. Menschen, die über Christuserfahrungen oder über Erinnerungen aus früheren Inkarnationen berichten, die Begegnungen mit Engeln und Elementarwesen haben, Angehörige, die ihre Verstorbenen auch jenseits der Schwelle des Todes erleben, Frauen, denen sich das Wesen ihres ungeborenen Kindes ankündigt, bilden keinesfalls mehr eine Ausnahme. Ganz im Gegenteil, geistige Erfahrungen mehren sich und gehören zunehmend zum Erlebnisrepertoire unseres heutigen Bewusstseins.

Wenn ich Vorträge oder Seminare über Verstorbene halte, frage ich häufig zu Beginn der Veranstaltung, ob jemand aus dem Publikum bereits Erlebnisse mit Verstorbenen gehabt hat. Es meldet sich in der Regel in etwa die Hälfte der Teilnehmer. Manche von ihnen haben nur flüchtige Erlebnisse, andere häufige, manche machen positive, andere wiederum auch belastende Erfahrungen in diesem Zusammenhang. Das bedeutet, dass die Wahrnehmung von Verstorbenen realer Teil unseres Lebens ist. Die seelisch-geistigen Fäden, die unsere Welten miteinander verbinden, sind für viele Menschen erlebbar. Doch wie oft huschen solche geistigen Eindrücke an uns vorbei, wie oft sind uns Verstorbene nahe und wir bemerken sie gar nicht?

Unser kleiner Sohn, der, wie viele andere Kinder auch, hin und wieder geistige Wahrnehmungen hat, fragte mich eines Tages:

«Mama, wie heißt nochmal dein lieber, alter Freund, der letztes Jahr in den Himmel gegangen ist?»

«Meinst du S.?»

«Ja, S.»

«Was ist mit ihm?»

«Er sitzt gerade auf unserem Hausdach und schaut lieb zu uns hinunter. Siehst du ihn nicht?»

Ich besinne mich auf den geistigen Umraum und nehme diesen verstorbenen Freund tatsächlich wahr. Natürlich «sitzt» er nicht auf dem Hausdach, aber er erstrahlt in diesem Moment als große Geistgestalt über uns und umhüllt uns mit einem wärmenden, liebenden Licht.

Einige Monate später, erneut im beiläufigen Gespräch mit unserem damals fünfjährigen Sohn:

«Mein Schatz, war es heute schön im Kindergarten?»

«Ja, war gut. Wir haben weiter an der großen Sandburg gebaut, die wir gestern angefangen hatten. – Ach übrigens, Mama, apropos gestern: S. ist gestern Nachmittag hier vorbeigehuscht. Hast du ihn nicht gesehen?»

«Nein, mein Schatz, gestern habe ich ihn nicht gesehen. Wann war er da?»

«Als du gestaubsaugt hast.»

«Aha. Und was hat er gemacht?»

«Er hat dir kurz auf die Stirn getippt. Und da hast du einen schönen Gedanken gehabt.»

Wie oft erhalten wir unbemerkt Besuch aus der geistigen Welt, wie oft sind wir von unseren Lieben jenseits der Schwelle umgeben! Wie oft liebkosen sie uns mit einem Liebesstrahl und schenken uns ihre Wesenswärme! Verstorbene suchen die Verbindung mit uns, sie begleiten und beschenken uns, sie befähigen, inspirieren und impulsieren uns. Sie durchlichten unsere Erde und gestalten mit an unserer Welt, in allem, was diese Welt ausmacht. Genauso brauchen sie aber auch unsere wahrnehmende Aufmerksamkeit und unsere vertrauensvolle Freundschaft. Sie suchen durch uns das Eingebundensein am Werden der Welt. Gemeinsam mit ihnen sind wir Schöpfer dessen, was unsere Erde ist und wird.

Es gibt natürlich auch die leidvollen und bedrückten Verstorbenen, die wiederum *unser* Herzenslicht, *unsere* Hilfe und Inspiration benötigen. Die Welt stöhnt und ächzt unter der Last ihrer inneren Dunkelheit und spiegelt ihr Leid wider im Schattenhaften so vieler Erscheinungen auf der Erde. Doch diese Verstorbenen sind genauso unsere Menschenbrüder; wenn wir ihnen helfen, vermögen auch sie mehr für das Weltenganze zu tun.

Mit der Welt der Verstorbenen sind wir also in einer ganz besonderen Weise verbunden, denn zusammen bilden wir *ein*

Menschengeschlecht, *eine Hierarchie*, die durch unterschiedliche Seins- und Bewusstseinsstufen schreitet. Wir sind nicht nur auf der Ebene des Erdendaseins als Menschen miteinander verbunden, wir selbst bilden gleichermaßen die Verbindungslinie durch alle vorgeburtlichen und nachtodlichen Sphären. Der Mensch formt somit einen horizontalen wie auch einen vertikalen sozialen Weltzusammenhang und konstituiert das Kreuz der Welt zwischen Himmel und Erde.

Das Herz eines jeden von uns ist der Kreuzungspunkt und das Wahrnehmungsorgan, in dem die Begegnung mit jedem Wesen stattfinden kann. Die tätige Liebe des freien, ichbewussten Menschen ist die Substanz, die die Verbindung zur Welt des anderen ermöglicht. Sich dieses geistigen Zusammenhangs bewusst zu sein und ihm verantwortungsvoll zu entsprechen bedeutet bereits, Brücken zwischen den Welten zu bauen.

Doch Erkenntnis ist nicht lediglich das Abbilden einer bestehenden Realität, sondern schöpferisches Tun des geistigen Menschen. Demnach ist ein wahrnehmender und aktiv gestaltender, ein zugleich empfangender wie auch erlösender Umgang mit der Welt der Verstorbenen der Brückenbau zum Wohle des Weltenganzen. Der Dichter Manfred Kyber hat genau diesen Zusammenhang in der schönsten Weise in seinem Gedicht «Die Toten» eingefangen: *«Schlagt Brücken in euch zu der Toten Land,/ die Toten bau'n mit euch am Bau der Erde./ Geht wissend mit den Toten Hand in Hand,/ auf dass die ganze Welt vergeistigt werde.»*[24]

Möge uns dieser Brückenschlag gelingen!

24 Manfred Kyber: «Die Toten». In: *Genius Astri*, Hammelburg ^{8}2001, S. 41.

Die Toten

Die Toten starben nicht. Es starb ihr Kleid.
Ihr Leib zerfiel, es lebt ihr Geist und Wille.
Vereinigt sind sie dir zu jeder Zeit
in deiner Seele tiefer Tempelstille.

In dir und ihnen ruht ein einiges Reich,
wo Tod und Leben Wechselworte tauschen.
In ihm kannst du, dem eigenen Denken gleich,
den stillen Stimmen deiner Toten lauschen.

Und reden kannst du, wie du einst getan,
zu deinen Toten lautlos deine Worte.
Unwandelbar ist unsres Geistes Bahn
und ewig offen steht des Todes Pforte.

Schlagt Brücken in euch zu der Toten Land,
die Toten bau'n mit euch am Bau der Erde.
Geht wissend mit den Toten Hand in Hand,
auf dass die ganze Welt vergeistigt werde.

Manfred Kyber

Literatur

Frankl, Viktor: *Der leidende Mensch. Anthropologische Grundlagen der Psychotherapie*, Bern: Huber, 1984.

Goethe, Johann Wolfgang von: *Wilhelm Meisters Lehrjahre*. In: *Goethes Werke*, Band 9, hrsg. von Karl Heinemann, Leipzig und Wien: Bibliographisches Institut, 1900.

Grillparzer, Franz: *Gedichte und Dramen*. Elibron Classics, 2000.

Hesse, Hermann, *Demian*, Frankfurt am Main: Suhrkamp, 1974.

Kyber, Manfred: *Genius Astri. 34 Dichtungen*, Hammelburg: Drei Eichen, [8]2001.

Kyber, Manfred: *Sämtliche Gedichte*. Hamburg: Aurinia, 2009.

Meyer, Conrad Ferdinand: *Ausgewählte Werke*, hrsg. von Hermann Engelhard, Stuttgart: Fackelverlag, 1988.

Morgenstern, Christian: *Werke und Briefe*. Stuttgarter Ausgabe. Kommentierte Ausgabe. *Lyrik*, Band I und II, hrsg. von Martin Kießig, Stuttgart: Urachhaus, [2]2013.

Poeppig, Fred: *Stufen auf dem Wege. Aphorismen und Tagebuchblätter*, Wien: Bettina Woiczig, 1963.

Poeppig, Fred: *Wege zu einem meditativen Leben. Sprüche, Gebete und meditative Texte*, Freiburg i. Br.: Verlag Die Kommenden, 1968.

Poeppig, Fred: *Yoga oder Meditation. Der Weg des Abendlandes*, Freiburg i. Br.: Verlag Die Kommenden, [2]1965.

Saint-Exupéry, Antoine de: *Der kleine Prinz*, Düsseldorf: Karl Rauch, 1956.

Shakespeare, William: *Hamlet*, Frankfurt am Main: Fischer, [4]2015.

Steiner, Rudolf: *Die Stufen der höheren Erkenntnis*, GA 12, Dornach, [7]1993.

Steiner, Rudolf: *Wahrspruchworte*, GA 40, Dornach, [9]2005.

Steiner, Rudolf: *Geist und Stoff, Leben und Tod*, GA 66, Dornach: Rudolf Steiner Verlag, [2]1986.

Steiner, Rudolf: *Kosmogonie. Populärer Okkultismus. Das Johannes-*

Evangelium. Die Theosophie anhand des Johannes-Evangeliums, GA 94, Dornach: Rudolf Steiner Verlag, ^{2}2001.

Steiner, Rudolf: *Die Theosophie des Rosenkreuzers*, GA 99, Dornach: Rudolf Steiner Verlag, ^{7}1985.

Steiner, Rudolf: *Die Offenbarungen des Karma*, GA 120, Dornach: Rudolf Steiner Verlag, ^{8}1992.

Steiner, Rudolf: *Von Jesus zu Christus*, GA 131, Dornach: Rudolf Steiner Verlag, ^{7}1988.

Steiner, Rudolf: *Das Leben zwischen dem Tode und der neuen Geburt im Verhältnis zu den kosmischen Tatsachen*, GA 141, Dornach: Rudolf Steiner Verlag, ^{6}2012.

Steiner, Rudolf: *Welche Bedeutung hat die okkulte Entwicklung des Menschen für seine Hüllen und sein Selbst?*, GA 145, Dornach: Rudolf Steiner Verlag, ^{7}2015.

Steiner, Rudolf: *Inneres Wesen des Menschen und Leben zwischen Tod und neuer Geburt*, GA 153, Dornach: Rudolf Steiner Verlag, ^{6}1997.

Steiner, Rudolf: *Das Geheimnis der Trinität. Der Mensch und sein Verhältnis zur Geistwelt im Wandel der Zeiten*, GA 214, Dornach: Rudolf Steiner Verlag, ^{3}1999.

Steiner, Rudolf: *Der übersinnliche Mensch, anthroposophisch erfasst*, GA 231, Dornach: Rudolf Steiner Verlag, ^{4}1999.

Steiner, Rudolf: *Aus den Inhalten der esoterischen Stunden*, Band I: 1904–1909, GA 266a, Dornach: Rudolf Steiner Verlag, ^{2}2007.

Steiner, Rudolf: *Aus den Inhalten der esoterischen Stunden*, Band II: 1910–1912, GA 266b, Dornach: Rudolf Steiner Verlag, 1996.

Steiner, Rudolf: *Aus den Inhalten der esoterischen Stunden*, Band III: 1913 und 1914; 1920-1923. GA 266c, Dornach: Rudolf Steiner Verlag, ^{3}2015.

Wilber, Ken: *Mut und Gnade*, Frankfurt am Main: Fischer, ^{6}2017.